Christian Feldmann

Frère Roger, Taizé

Gelebtes Vertrauen

FREIBURG · BASEL · WIEN

*Autor und Verlag danken den Brüdern von Taizé
für die freundliche Unterstützung*

Alle Rechte vorbehalten
© Verlag Herder Freiburg im Breisgau 2005
www.herder.de

Umschlagmotiv:
© KNA-Bild, Bonn
Abbildung auf Seite 69:
Johannes Simon/ddp
© ddp, Berlin
Alle anderen Abbildungen im Innenteil:
© Ateliers et Presses de Taizé

Innengestaltung: Weiß – Graphik & Buchgestaltung
Druck und Bindung: fgb · freiburger graphische betriebe
www.fgb.de

Gedruckt auf umweltfreundlichem,
chlor- und säurefrei gebleichtem Papier
Printed in Germany

ISBN 3-451-29103-7

Inhalt

Der Hügel der Pilger 7

Die Geburt einer Sehnsucht 13

Die Gaben der Wüste 19

Die Quellen der Hoffnung 29

Erlösendes Vertrauen 39

Der Kampf wird zum Fest 49

Der kleine Frühling 63

Österliches Licht 71

Worte des Vertrauens 77
Texte von Frère Roger

Text- und Bildquellenverzeichnis 92

Zeittafel 93

1

DER HÜGEL DER PILGER

1 Der Hügel der Pilger

«Für mich ist Christus der,
den ich mit euch zusammen suche»

Taizé ist immer für Überraschungen gut. Als zu Ostern 1971 mindestens 6500 junge Menschen aus vielen Ländern Europas zu dem kleinen burgundischen Dorf pilgern, um mit der Gemeinschaft der Brüder das Fest der Auferstehung zu feiern, freuen sie sich auf die ruhige Gebetsatmosphäre. Stattdessen finden sie die Versöhnungskirche von Staubwolken eingehüllt, krachend stürzen Mauern in sich zusammen, Bulldozer knattern über den Kirchplatz, und mittendrin eilen die Mönche geschäftig hin und her, Baupläne schwenkend und Kommandos in das Durcheinander rufend.

Weil sich abzeichnete, dass die Kirche den Besucherandrang dieses Jahres nie würde fassen können, hat die Gemeinschaft kurzerhand beschlossen, einen Teil der Fassade abzubrechen und ein großes Zelt anzubauen.

Achtzehn Jahre später fällt die Berliner Mauer. Als hätten sich Schleusen geöffnet, finden sich Tausende Jugendliche aus dem bisherigen Ostblock auf dem Hügel von Taizé ein. Wieder reagieren die Brüder fast von einem Tag auf den anderen, ersetzen das Vorzelt durch weit ausladende feste und beheizbare Hallen und legen sie mit zwölftausend Quadratmetern Teppichboden aus.

So einfach ist das, wenn man unter der Selbstbeschränkung angetreten ist, «ein ständiges Provisorium» sein zu wollen, um Himmels willen keine Institution mit starren Regeln, sondern offen für die Anforderungen eines jeden neuen Tages.

Das armselige Dörfchen Taizé besitzt keine Kunstschätze und auch nicht das, was man Freizeitwert nennt. Für Kurzurlauber, die mal aus dem Alltagsstress herauswollen, ist Taizé die denkbar schlechteste Wahl. Die Verpflegung ist sehr schlicht, übernachten müssen die Besucher in mitgebrachten Schlafsäcken, in Baracken oder in Zelten, die bei den für Burgund charakteristischen Wolkenbrücken fortzuschwimmen drohen; lediglich die über dreißigjährigen «Senioren» werden in den wenigen Gästehäusern – in Schlafsälen oder Mehrbettzimmern – untergebracht. Taizé ist keine Attraktion, sondern eine Herausforderung.

Die romanische Dorfkirche von Taizé aus dem 11. Jahrhundert ist bis heute ein Treffpunkt Jugendlicher.

Und die Brüder haben kein Patentrezept für die Probleme der Welt, sie liefern kein kompaktes Aktionsprogramm. Taizé ist eine Bewegung ohne Statuten und Mitgliedsbuch. Die Brüder hören nur zu. Sie helfen ihren Besuchern, zu sich selbst zu kommen, sich untereinander auszutauschen. Taizé ist keine spirituelle Servicestation, kein Wellness-Center für die Seele, sondern ein Ort, wo man selbst etwas tun muss.

Dennoch haben sich überall auf der Welt Menschen – besonders junge Menschen – in Taizé verliebt. Zwischen drei- und sechstausend kommen im Sommer jede Woche, im Frühjahr und Herbst werden im selben Zeitraum fünfhundert bis zweitausend Gäste gezählt. Sie sitzen, hocken, knien auf dem einfachen Teppichboden der Versöhnungskirche, meditieren still, spielen Gitarre, beten in allen Sprachen und hören nicht auf zu singen. Vor allem die charakteristischen «Gesänge aus Taizé», knappe Bibelsätze mit eingängigen Melodien, die in der ständigen Wiederholung zum meditativen Gebet führen. *Da pacem Domine* («Gib uns Frieden, Herr»), *Misericordias Domini in aeternum cantabo* («Das Erbarmen des Herrn will ich ewig preisen»), *Veni Creator Spiritus* («Komm, Schöpfer Geist») – fromme «Ohrwürmer», die inzwischen auf Englisch, Spanisch, Polnisch, Russisch in der ganzen Welt gesungen werden, auf Tagalog in den Slums von Manila, auf Chinesisch in Hongkong und auf Suaheli im afrikanischen Nairobi.

In Taizé schauen bei den gemeinsamen Gebeten alle in dieselbe Richtung, Zeichen der Gemeinschaft in der Erwartung Christi.

Dreimal am Tag sind die Besucher zum gemeinsamen Gebet der Brüder eingeladen. Auf den Wiesen um die Versöhnungskirche und bei den Teichen am Fuß des Hügels gibt es genug Orte der Stille, wo man in Ruhe lesen und nachdenken kann. Die Brüder teilen die unüberschaubare Masse ihrer Besucher in kleine Gruppen ein, die jeweils eine Woche zusammenleben. Es wird bewusst darauf geachtet, dass sich diese Gemeinschaft nicht in unfruchtbaren Standpunktdiskussionen erschöpft. Die Besucher sollen lernen, einander zuzuhören, fremde Erfahrungen, Sorgen, Probleme zu verarbeiten, alles miteinander zu teilen – Brot und Wohnraum, aber auch geistigen Besitz, weil der oft nicht minder eifersüchtig festgehalten wird.

Es sind ganz einfache Fragen, die sich diese kleinen Gastgemeinschaften stellen: «Was erwarte ich vom Leben?» – «Welchen Sinn hat mein Dasein?» – «Die Welt ist voller Gewalt und Hass; gibt es einen Grund, zu hoffen?» – «Kann man sich für ein ganzes Leben engagieren?» – «Wie kann sich mein Leben verwandeln, wenn ich wieder zu Hause bin?» Einfache

FRÈRE ROGER

Fragen. Und doch unendlich kompliziert, weil sie jeden persönlich herausfordern und sich einer unverbindlichen, theoretischen Antwort entziehen.

All die Jahre – bis zum 16. August 2005 – setzte sich nach dem Abendgebet ein schmächtiger Mann mit schütterem Haar und bäuerlichen, markanten Gesichtszügen zu den Gästen in der fast dunklen Kirche. Er blieb stundenlang, manchmal bis zwei Uhr nachts, um zu lauschen, Fragen aufzunehmen, gemeinsam mit den Besuchern nachzudenken, schweigend zu beten: Frère Roger, der Prior der Brüdergemeinschaft und Gründer von Taizé.

Beim Europäischen Jugendtreffen 2004/2005 in Lissabon werden die Messehallen mit religiösen Motiven aus der portugiesischen Tradition geschmückt.

Körper und Kopf leicht vorgebeugt, strahlte er wache Aufmerksamkeit und Ruhe zugleich aus. Seine Antworten waren niemals fertig. Er gab Anstöße, die seine Zuhörer weiterspinnen, mit ihrem persönlichen Leben füllen sollten. Wenn ihn ein junger Mensch direkt fragte: «Wer ist Christus für Sie, Bruder?», dann saß er erst einmal eine Weile still da, in sich hineinhorchend, nach einer Antwort suchend, die keine Schablone sein durfte. Dann begann er langsam zu sprechen, behutsam die Worte wählend, und sagte etwas Schlichtes:

«Für mich ist Christus der, von dem ich lebe, aber auch der, den ich mit euch zusammen suche.»

Taizé zählt heute mehr als hundert Brüder, aber wenn man von dieser monastisch geprägten Gemeinschaft spricht,

Frère Roger: «Der Ruf des Evangeliums ist klar und deutlich: Versöhnen wir uns ohne Aufschub.»

DER HÜGEL DER PILGER

die ein Gleichnis der Versöhnung sein will, ein Stück zukünftige Christenheit, dann wird man immer an ihn denken: Frère Roger, der die *Communauté* von Taizé gegründet und ihr die geistigen Konturen gegeben hat, ist mehr als ein halbes Jahrhundert ihr Motor und ihr Gesicht gewesen, und er wird es über seinen Tod hinaus bleiben: ein Gesicht, in dem für die Welt am ehesten erkennbar ist, was Taizé bedeutet.

2

DIE GEBURT EINER SEHNSUCHT

2 Die Geburt einer Sehnsucht

*«Einige Jahre war ich
ein Nichtglaubender»*

Roger im Grundschulalter, bald geben ihn seine evangelischen Eltern zu einer katholischen Familie in Pension.

Roger Louis Schutz-Marsauche hatte immer schon eine Vorliebe für das Einfache; deshalb veränderte er seinen Doppelnamen zunächst in die prägnante Kurzform Roger Schutz, um sich später nur noch *Frère Roger* zu nennen: Bruder Roger. Und dieser Frère Roger war eigentlich immer schon so, wie er sich die Kirche und die Welt wünschte: versöhnte Vielfalt.

Unter seinen Vorfahren gab es fast so viele Bauern wie Pfarrer. Am 12. Mai 1915 kam er in dem Dörfchen Provence bei Neuchâtel in der Französischen Schweiz zur Welt, als Sohn einer Französin aus Burgund. Roger war das letzte von neun Kindern, seine sieben Schwestern und sein Bruder waren alle älter. Es muss eine zauberhafte Kindheit gewesen sein. Drei Klaviere gab es im Haus, die Mutter hatte einst in Paris Gesangsunterricht genommen, ihre Tante Caroline in Weimar bei Liszt und Bülow Klavier studiert, und ständig tönte Musik durch die Zimmer. Roger schleppte manchmal das Grammophon in eine einsame Ecke und hörte Chopin oder Tschaikowsky, so lange, bis er vor Glück weinte.

Er erinnerte sich an lange Spaziergänge mit den Erwachsenen, an einen Geburtstagsmorgen, an dem er hinunter in den Garten stürmte, wo die Pfingstrosen kurz vor dem Aufblühen waren, und an den Weg zum nächtlichen Weihnachtsgottesdienst durch verschneite Felder. «Mein Vater zeigte mir am klaren Himmel den Stern, den schon die Weisen gesehen hatten.» Es war eine gastfreundliche Familie. Man speiste grundsätzlich an einem langen Tisch mit den Besuchern, Roger pflückte gern Blumen für die Tafel und träumte schon als kleiner Junge davon, einladende Häuser mit weit offenen Türen einzurichten.

Roger (unten, zweiter von links) mit seiner Mutter, Großmutter, seinem Bruder und den sieben Schwestern.

Es gab freilich auch Ungerechtigkeiten und Demütigungen; die jüngsten Kinder wurden manchmal sehr streng behandelt, um die Nesthäkchen auch ja nicht zu verzärteln. Rogers Vater Charles Schutz, reformierter Pfarrer mit hervorragenden Kenntnissen in der Bibelwissenschaft, gab sich etwas verschlossen und wortkarg. Umso herzlicher zeigte seine Mutter Amélie Marsauche ihre Liebe. Sie konnte es nicht ertragen, wenn jemand in Ungeduld oder Zorn geriet; das kam ihr vor, «als hätte er den Verstand verloren».

Der Mensch jedoch, der die Weichen für Rogers Leben stellte, war seine Großmama mütterlicherseits. Als der Erste Weltkrieg losbrach, lebte Marie-Louise Marsauche-Delachaux als Witwe in Nordfrankreich mitten im Granatenhagel der

Die Großmutter mütterlicherseits, der Frère Roger seine Lebensorientierung verdankt.

DIE GEBURT EINER SEHNSUCHT

Frère Rogers Vater, der den Weg seines Sohnes kritisch mitträgt

Schlachtfelder. Eines Tages riss eine Bombe einen tiefen Krater in den Gemüsegarten, eine andere blieb als Blindgänger zwischen den Büchern ihres Mannes stecken. Marie-Louise sah keinen Anlass, die Gefahrenzone zu verlassen; in grimmiger Entschlossenheit machte sie ihr Haus zu einem Zufluchtsort für Flüchtlinge, vor allem Kinder und hochschwangere Frauen.

Dass Christen in Europa einander umbrachten, wollte ihr nicht in den Kopf. Wenn sich die verschiedenen christlichen Konfessionen endlich versöhnten, behauptete sie hartnäckig, sei das der erste Schritt zur Verhinderung neuer Kriege. Ihre Frömmigkeit hatte nichts Bigottes an sich. Drei Brüder und den Vater hatte sie verloren: Tuberkulose! Später starb einer ihrer Söhne. Roger entdeckte in ihrer Bibel handgeschriebene Anmerkungen: «Ich bin keine Kämpfernatur […]. Ich zweifle. […] Hilf mir!»

Die Großmutter stammte aus einer alteingesessenen evangelischen Familie, ließ sich aber nicht davon abhalten, in die katholische Kirche zu gehen. Auch seinen Vater, den reformierten Pfarrer, sah Roger in der katholischen Dorfkirche beten. «Für mich war das ein Schock.» Obwohl ihn die dämmerige Atmosphäre des Gotteshauses beeindruckte: «Drinnen war alles in Schatten gehüllt, nur auf die Gottesmutter und den Tabernakel schien ein Licht.»

Für die meisten Christen war «Ökumene» in jenen Jahren noch ein nicht zu buchstabierendes Fremdwort. In österreichischen Gebirgsdörfern und schlesischen Kleinstädten lieferten sich katholische und protestantische Jungs wüste Schlachten auf dem Schulweg. Ihre Eltern griffen schon einmal zu Steinen und verachteten das jeweils andere Lager als vom Teufel geleitet. Doch Rogers Vater zögerte nicht, den Gymnasiasten bei einer katholischen Witwe in Kost zu geben, weil die jeden Pfennig brauchen konnte. Roger hat sich später bewundernd über die «keineswegs verknöcherte Frömmigkeit» dieser Familie geäußert, die kein Geld hatte und auf die Fürsorge Gottes vertraute.

Viel, viel später, beim ersten *Europäischen Jugendtreffen* in Rom, setzte er seiner *Grandmaman* ein liebevolles Denkmal. Den jungen Menschen, die den Petersdom bis zum letzten Quadratmeter füllten, vertraute er an: «Das Lebenzeugnis meiner Großmutter hat mir einen ganz konkreten Weg aufgetan. Ihr Entschluss, im Ersten Weltkrieg arme Menschen aufzunehmen und in sich selbst die Versöhnung zu suchen, hat mich für das ganze Leben geprägt. Ich fand meine Identität als Christ darin, in mir den Glauben meiner Ursprünge mit dem Geheimnis des katholischen Glaubens zu versöhnen, ohne die Gemeinschaft mit irgend jemandem abzubrechen.»

Der Pastorensohn war durchaus nicht automatisch ein frommer Junge gewesen. «Einige Jahre war ich ein Nichtglaubender», berichtete er von seiner Gymnasialzeit. «Trotzdem, ohne selbst glauben zu können, war ich immer mit Achtung erfüllt vor jenen, die es konnten – genau wie die jungen Menschen, die ich heute sehe.» Präziser gesagt: «Ich zweifelte nicht an der Existenz Gottes, sondern daran, dass es möglich sei, Gemeinschaft mit ihm zu haben. Es war, als sei ich nicht mehr imstande zu beten.» Er versuchte sich auf den Glauben aufrichtiger Menschen zu stützen, denen er vertraute. Aber ihm selbst schien ihre Gewissheit verschlossen. «Es gab eine unsichtbare Welt, in die ich nicht gelangen konnte.»

Da erkrankte Roger an Lungentuberkulose – lebensgefährlich. Jahrelang schwebte er zwischen Besserung und Rückfällen. Der junge Mann wartete auf den Tod, las viel, unternahm langsame Wanderungen. Und machte die zweite erschütternde Erfahrung nach Großmutters zäher Lebensfreude und Versöhnungsleidenschaft: Mehr als der Körper des Menschen habe sein Inneres Heilung nötig. Lebensmut, Kreativität, Glück hätten weniger mit günstigen äußeren Verhältnissen zu tun, sondern mit dem Vertrauen auf Gott und der Hingabe des Herzens an andere Menschen.

Rogers Weg zurück zu Gott war mühsam und verschlungen. Als seine Lieblingsschwester Lily ebenfalls auf den Tod erkrankte, versuchte er wieder zu beten. Er brachte nur das Psalmwort über die Lippen: «Dein Angesicht, Herr, will ich suchen.» Und begriff plötzlich, dass die Sehnsucht schon Glauben bedeutete. Später zitierte er im Gespräch mit jungen Menschen gern Augustinus: «Wenn dich danach verlangt, Gott zu schauen, hast du bereits den Glauben.»

Roger träumte natürlich – versöhnte Vielfalt! – von einem Doppelberuf: Bauer und Schriftsteller wollte er werden (nicht Theologe, wie ihm der Vater nahe legte). Die renommierte Literaturzeitschrift *Nouvelle Revue Française* interessierte sich tatsächlich für seinen ersten Essay mit dem verheißungsvollen Titel *Entwicklung einer puritanischen Jugend*. Aber weil man ihm zumuten wollte, den Schluss des Textes umzuschreiben, verzichtete er trotzig auf eine literarische Karriere und begann nun doch Theologie zu studieren, in Lausanne und Straßburg.

3

DIE GABEN DER WÜSTE

3 Die Gaben der Wüste

«Freude, Barmherzigkeit, Einfachheit»

Roger war kein begeisterter Student; zeitlebens achtete er die Wissenschaften, aber das Herz war ihm stets wichtiger als der Kopf, die schlichte Lebensweisheit, die aus Sehnsüchten, Kämpfen und Narben wächst, bedeutender als kluge Analysen. Nur zu dem Historiker Henri Strohl ging er oft nach den Vorlesungen, um herauszufinden, welche Fragen Luther vor dem Konflikt mit der alten Kirche umgetrieben hatten.

Brennend interessierte er sich außerdem für die Geschichte des Mönchtums. Roger verbrachte viel Zeit in Klöstern und führte lange Gespräche mit katholischen Ordensleuten. Zweifel hatte er immer noch. Aber Jesus Christus faszinierte ihn zunehmend: «seine Barmherzigkeit, seine Fähigkeit, zu lieben und zu verstehen». 1939 wählte man ihn in Lausanne zum Leiter einer christlichen Studentenvereinigung. Schon damals gründete er eine offene *Communauté*, eine Gemeinschaft für Studenten und Angehörige akademischer Berufe.

Wenn es so etwas wie ein «Bekehrungserlebnis» bei Roger gab, dann war es jener hereindämmernde Abend, als er sich – wie schon so oft – fragte: «Warum dieses gegenseitige Sichbekämpfen unter den Menschen und selbst unter den Christen? Warum diese Verurteilungen, ohne Einspruch zuzulassen? Und ich fragte mich: Gibt es auf unserer Erde einen Weg, der so weit führt, alles vom anderen zu verstehen?»

In dieser Stunde – den Tag konnte er noch nach Jahrzehnten datieren, den Ort beschreiben – fand er blitzartig eine Antwort, auf die er sein Leben lang immer wieder zurückgreifen sollte.

«Ich sagte mir: Wenn es diesen Weg gibt, beginne bei dir selber und engagiere dich selbst; du selbst, um alles von jedem Menschen zu verstehen. An diesem Tag hatte ich die Gewissheit, dass dieser Entschluss endgültig sei und bis zum Tod gelten würde.»

Das war freilich ein Entschluss, der nicht allein zu verwirklichen war. «Wir sind voneinander isoliert», klagte Roger in diesen Jahren, «das erzeugt Mutlosigkeit. Wie können wir mit unseren überspitzten individualistischen Traditionen brechen, um durch das gemeinsame Leben die Fülle eines Reichtums zu nutzen, der anders nicht zu heben ist?»

Die Antwort war klar. Bereits während er seine Abschlussarbeit vorbereitete – mit dem für ihn typischen Thema *Das Mönchsideal vor Benedikt und seine Übereinstimmung mit dem Evangelium* –, begann er 1940 nach einem Haus zu suchen, um «zusammen mit anderen die wesentlichen Dimensionen des Christseins zu leben», als «bescheidenes Zeichen der Gemeinschaft».

Roger dachte von Anfang an nicht an eine friedliche Insel, sauber abgeschottet gegenüber der aufgewühlten Umwelt. Es herrschte Krieg in Europa. Frankreich war gerade in zwei Zonen aufgeteilt worden: Der Norden von deutschen Truppen besetzt, im ebenfalls vom Krieg gezeichneten «freien» Süden errichtete die Regierung von Marschall Pétain ein autoritäres System und kollaborierte mit Hitler-Deutschland. Dennoch versuchten zahlreiche Juden und politisch Verfolgte aus dem anderen Teil des Landes in die unbesetzte Region zu gelangen. Hier wollten sie auf ihrer Flucht vor den Nazis für kurze Zeit untertauchen und dann über versteckte Gebirgspfade in die neutrale Schweiz hinüberwechseln – wo sie von den Behörden nicht selten an Deutschland ausgeliefert wurden. Sollte man diesen Menschen nicht helfen können, die hungerten und alles verloren hatten?

Roger beschaffte sich ein Visum nach Frankreich. Weil die Brücken zerstört waren und keine Züge verkehrten, strampelte er sich auf dem Fahrrad ab. Gleich hinter der Grenze fand er bei dem burgundischen Dorf Frangy einen schönen Bauernhof; doch die Versuchung wäre zu groß gewesen, ständig in das nahe gelegene Genf zu fahren. Zu wenig Einsamkeit, zu wenig Schlichtheit. Das galt auch für das nächste Objekt, das man ihm anbot: ein komfortabel ausgestattetes, großzügiges Wohnhaus bei Bourg-en-Bresse.

Kurz darauf stieß Roger in dem völlig heruntergekommenen, fast entvölkerten Dorf Taizé auf ein wenig einladendes Schild: «Haus zu verkaufen!» Seit im 19. Jahrhundert ein verheerender Schädlingsbefall die Weinberge ruiniert hatte und im Ersten Weltkrieg viele Bauern auf den Schlachtfeldern geblieben waren, lebten höchstens noch fünfzig Leute in Taizé, meist alte, einsame Menschen. «Teerstraßen gab es in dieser Gegend keine», notierte Roger, «auch kein fließendes Wasser oder Telefon.»

Taizé, ein Dorf in Südburgund.

Diese «menschliche Wüste» entsprach genau seinen Visionen. Fast unmittelbar entwickelte er ein zärtliches Gefühl für die wettergegerbten alten Bäuerinnen in ihren abgenutzten schwarzen Gewändern: «Sie haben oft viel gegeben und wenig Dank erhalten.» Eine Greisin, bei der er etwas zu essen fand, bat ihn schüchtern: «Kaufen Sie das Haus und bleiben Sie hier. Wir sind so allein!» Das überzeugte ihn endgültig. Es war der 20. August 1940.

Taizé in der Kriegs- und Nachkriegszeit: verfallende Häuser, wenige alte Bewohner, «eine menschliche Wüste».

«Ich habe Taizé gewählt, weil die Frau arm war», erläuterte er später. «Christus spricht durch die Armen, und es ist gut, auf sie zu hören. […] Die Berührung mit ihnen bewahrt den Glauben davor, unbestimmt und unwirklich zu werden.»

Taizé liegt auf einem flachen Hügel nur wenige Kilometer von dem berühmten Kloster Cluny entfernt, von dem im 10. und 11. Jahrhundert die Reform der abendländischen Kirche ausging: Wiederbelebung der alten Mönchsideale, Rückkehr zur Armut und Schlichtheit des Evangeliums, Unabhängigkeit der Kirche von politischen Herrschaftsinteressen. Als Roger nach Taizé kam, war die Gegend jedoch komplett entchristlicht. Einen Pfarrer hatte es hier seit der Französischen Revolution nicht mehr gegeben, in der verfallenen romanischen Dorfkirche wurde vielleicht zweimal im Jahr die Messe gefeiert.

Das Haus kostete so viel wie zwei Autos; das Geld hatte Roger sich geliehen. Er begann sogleich damit, das angrenzende Landstück zu bebauen, die einzige Kuh zu melken, eine winzige Kapelle einzurichten.

Fast jede Stunde klopften Flüchtlinge an die Tür, manchmal hielt sich ein volles Dutzend von ihnen im Haus auf. Roger kochte ihnen Brennnesselsuppe und verfeinerte die karge Mahlzeit mit den reichlich vorhandenen Schnecken. Die Behörden wurden misstrauisch. Mehr als einmal quartierte er alle seine illegalen Gäste in die dichten Wälder der Umge-

Die Brüder legen selbst Hand an, um ihre Häuser wohnlich zu machen.

bung aus. Wenn die Luft rein war, hängte er ein weißes Betttuch ins Fenster, und seine Schützlinge konnten zurückkehren.

Es gab bange Momente. «Ich kann einen Sommerabend im Jahr 1942 nicht vergessen», erinnerte er sich in seinem Tagebuch, «als ich in Taizé noch allein war. Ich saß damals an einem kleinen Tisch und schrieb. Es herrschte Krieg. Ich wusste mich in Gefahr wegen der Flüchtlinge, die ich im Haus beherbergte. Unter ihnen waren Juden. Schwer hing die Drohung einer Verhaftung und Verschleppung über mir. Häufig kam eine Zivilstreife vorbei und verhörte mich.»

Was er hinzufügte, klingt heute, nach seinem gewaltsamen Tod, wie ein frühes Vermächtnis: «An jenem Abend, als die Angst mein Herz zusammenschnürte, war in mir ein vertrauensvolles Gebet, das ich zu Gott sprach: Selbst wenn man mir das Leben nimmt, weiß ich, dass du, lebendiger Gott, weiterführen wirst, was hier begonnen hat, die Grundlegung einer Communauté.»

Im Herbst 1942 – inzwischen war die deutsche Wehrmacht auch in diesen Teil Frankreichs einmarschiert – besetzte die Gestapo das Haus und nahm alle Bewohner mit, als Roger gerade einem Flüchtling über die Schweizer Grenze half. Irgendjemand aus dem Dorf hatte ihn denunziert.

Roger musste in der Schweiz bleiben, in Genf, wo er mit drei Freunden eine gemeinsame Wohnung mietete und den Lebensstil der *Communauté* weiterführte, die er damals in Lausanne gegründet hatte. Das Bild der künftigen Brüdergemeinschaft begann zu reifen. Max Thurian studierte Theologie, er sollte später das spirituelle Profil von Taizé wesentlich mitprägen. Pierre Souvairan war Student der Agrarwissenschaft. Daniel de Montmollin sattelte von Pfarrer auf Töpfer um und machte sich in seiner Zunft im Lauf der Jahre einen Namen, ohne seine Bescheidenheit zu verlieren.

Die vier experimentierten mit der ersten, sehr knapp gefassten «Regel», die Roger in Taizé geschrieben hatte – noch unsicher, ob der Zusammenschluss von Dauer sein würde. Eigentlich war es eine Selbstvergewisserung gewesen, eine Anleitung für ihn selbst, sich auf das Wesentliche des Evangeliums zu konzentrieren: «Lass in deinem Tag Arbeit und Ruhe vom Wort Gottes ihr Leben empfangen; wahre in allem die innere Stille, um in Christus zu bleiben; lass dich durchdringen vom Geist der Seligpreisungen: Freude, Barmherzigkeit, Einfachheit.» Das mochte auch eine gute Starthilfe für die kleine Gemeinschaft sein.

Mit einigen Schwierigkeiten bestand Roger seine Abschlussprüfung und wurde zum Pfarrer ordiniert: Die These seiner Prüfungsarbeit, dass eine evangelische Mönchsgemeinschaft möglich sei, widersprach aller Tradition der Reformierten Kirchen. In Genf führten die Freunde indes ein offenes Haus. Studenten, Arbeiter, Gewerkschafter kamen und gingen, man

1974 erhält Frère Roger in der Frankfurter Paulskirche den Friedenspreis des Deutschen Buchhandels.

diskutierte nächtelang über Gütergemeinschaft und Gesellschaftsreformen. Auf Wunsch der Arbeiter schrieben die vier eine Kurzfassung des Katechismus – der Glaubenslehre – in einfacher Sprache. Später revanchierte sich eine Gruppe von Metallarbeitern, indem sie das Vorwort zu Rogers erstem Buch *Einführung in das Gemeinschaftsleben* beisteuerte.

1944, de Gaulle war als Befreier in Paris eingezogen, konnte Roger mit seinen Freunden nach Taizé zurückkehren. Zum Ärger mancher Dorfbewohner kümmerten sie sich um die deutschen Kriegsgefangenen, die in zwei Lagern in der Nähe untergebracht waren, teilten ihre karge Nahrung mit den Häftlingen, luden sie regelmäßig in ihr Haus ein. Sie konnten aber nicht verhindern, dass verbitterte Frauen, die ihre Männer in deutschen KZs verloren hatten, in das Lager eindrangen und einen jungen, schwer kranken Gefangenen – einen katholischen Priester – so misshandelten, dass er kurz darauf starb. «Es waren die Jahre, in denen der Hass nichts als Hass zeugte», sagte Roger 1974 in Frankfurt, als er zum ersten Mal

Taizé, ein unscheinbares Dorf, in dem sich nach außen kaum sichtbar die Jugend der Welt trifft.

öffentlich in Deutschland sprach. Aber jener zu Tode geschundene junge Mensch habe in seinen letzten Stunden «nichts als Frieden und Vergebung» ausgestrahlt.

Viele Kinder hatte der Krieg zu Waisen gemacht. Die Freunde mieteten ein Haus dazu und richteten dort zwei Wohngruppen für zwanzig dieser verlassenen Kleinen ein. Die jüngste von Rogers Schwestern, Geneviève, eine hoch begabte Pianistin und noch unverheiratet, war eine der «Mütter». Die Brüder brachten später auch das Geld für die Ausbildung der Waisenkinder auf, die noch Jahrzehnte mit Taizé in inniger Verbindung standen und natürlich auch mit Geneviève, die es, ohne je eine Familie zu gründen, zur vielfachen Urgroßmutter brachte.

Es war ein hartes Leben in der unmittelbaren Nachkriegszeit, als es wenig zu essen gab, die Post nicht funktionierte und die Suche nach einem neuen Fahrradreifen ein kaum lösbares Problem darstellte. «Wie wollt ihr es jemals schaffen, euren Lebensunterhalt in Taizé zu verdienen?», pflegte Rogers Vater aus seiner sicheren Pastorenposition heraus zu warnen – und erhielt von seinem unrettbar ins Abenteuer verliebten Sohn regelmäßig die Antwort: «Ich kann arbeiten, ich habe gelernt, Kühe zu melken.»

DIE GABEN DER WÜSTE

Gegen alle skeptischen Stimmen hielten die vier unbeirrt an ihrem Modell von Gemeinschaft fest. Sie bestellten ihren mageren Acker, beteten dreimal am Tag, bauten den Dachboden des Hauses zu einer Kapelle aus und empfingen die zahlreichen Gäste, die zu Besinnungszeiten oder aus Interesse an dem merkwürdigen Experiment kamen: eine evangelische Brüdergemeinschaft, das war ein wenig wie eine katholische Frau Pfarrer oder wie ein Fußball spielender Papst.

«Die Gastfreundschaft soll großzügig sein», hieß es einige Jahre später in der Regel von Taizé. «Wir wollen lernen, gastlich zu empfangen, und bereit sein, unsere freie Zeit hinzugeben.» Denn, das hatte schon der Mönchsvater Benedikt vor anderthalb Jahrtausenden gelehrt, es sei Christus selbst, den man da im Gast aufnehme.

4

DIE QUELLEN DER HOFFNUNG

4 Die Quellen der Hoffnung

*«Sei unter den Menschen
ein Zeichen der Freude!»*

Am Holztisch in seinem Zimmer hört Frère Roger unzähligen Besuchern zu; hier verfasst er seine Schriften.

Immer deutlicher wurde die kleine Communauté von Taizé in jenen Jahren zu dem, was sie heute ist: ein prophetisches Gleichnis von Kirche, eine brüderliche Gemeinschaft, zeichenhaft, mitreißend, ausstrahlend, um den Auferstandenen geschart, ihm gehorchend, «ohne vor dem Letzten zurückzuschrecken, ohne leichtfertige Anpassung» (Frère Roger). Taizé hat seither einen enormen Wachstumsprozess durchgemacht; die Grundstrukturen des Zusammenlebens sind gleich geblieben.

«Wer sind wir eigentlich?», fragte Frère Roger einmal im Kreis der Brüder und formulierte zusammen mit ihnen eine Antwort, die er ganz am Anfang genauso hätte geben können und die heute, nach seinem Tod, unverändert gilt: «Eine Begegnung von Menschen, die einander nicht gewählt haben und nun den Versuch unternehmen, etwas vom Leben der christlichen Urgemeinde neu zu leben. Wer sind wir? Eine kleine, zerbrechliche Gemeinschaft, die an einer irrsinnigen Hoffnung hängt: der Hoffnung auf Aussöhnung aller Getauften und darüber hinaus aller Menschen untereinander [...]. Wir sind eine Ansammlung von Schwachheiten in Person, dabei aber eine Gemeinschaft, heimgesucht von einem anderen als wir selbst.»

Damals erneuerten die Freunde ihr Versprechen, zusammenzuleben und Jesus nachzufolgen, von Jahr zu Jahr. «So hat jeder die Möglichkeit, seine Berufung von neuem zu prüfen», erläuterte Roger diese Praxis. «Keine endgültigen Gelübde! Jeder bleibt frei, die Communauté wieder zu verlassen, wenn Gott es fordert ...» Denn keine kirchliche Autorität habe das Recht, eine lebenslange Verpflichtung auf eine bestimmte Lebensform zu verlangen und damit den Heiligen Geist in seiner Freiheit beschneiden zu wollen. Das war beste protestantische Tradition und eine berechtigte Sorge.

Doch mehr und mehr setzte sich in der kleinen Gemeinschaft eine andere Einsicht durch: Konnte es Christus gegenüber ein lediglich zeitgebundenes Engagement geben, ein Leben auf Probe sozusagen? Immer wieder tauchte in den Gesprächen der Freunde ein verliebtes Paar auf, das seine Entscheidung für eine Ehe bis zur endgültigen, durch nichts

In den ersten zwanzig Jahren ist die Dorfkirche für die drei täglichen gemeinsamen Gebete der Brüder groß genug.

mehr zu trübenden Klarheit hinausschob ... Würden die beiden im Lauf eines kurzen Menschenlebens überhaupt je zusammenfinden? Wollte man immer nur auf die große Erleuchtung warten, meinte Roger einmal nachdenklich, «dann könnte es leicht geschehen, dass man schließlich nur mehr Reste anzubieten hat».

Ein solches Ja auf Dauer, so präzisierte Max Thurian, ein Gefährte der ersten Stunde, wahre die Freiheit Gottes – aber es erkenne seinen Ruf nicht mehr bloß im subjektiven Bewusstsein, «sondern durch den gewisseren Weg einer betenden Gemeinschaft». Roger zog wieder eine Parallele zur Ehe: In Augenblicken, in denen die Treue nicht mehr spontan lebendig sei und das Ja zur Last werde, könne es notwendig werden, sich vorübergehend der nüchternen Gehorsamsbindung, dem «Gesetz», auszuliefern, «bis die Liebe von neuem aufbricht».

Am Osterfest 1949 legten die Brüder von Taizé – sieben war es mittlerweile – ihre Profess ab, mit der sie sich zu lebenslangem Engagement verpflichteten. Das dabei gegebene Versprechen, in der Tradition der alten Or-

Ein Bruder engagiert sich für immer in der Communauté: einfaches Leben, Ehelosigkeit und die Bereitschaft, den Weg in Einklang mit den Brüdern zu gehen.

den, ist bis heute gleich geblieben. Jeder, der sich auf Dauer der Communauté anschließt, beantwortet dieselben Fragen:

> «Willst du aus Liebe zu Christus dich ihm hingeben mit allem, was du bist? – Ich will es.
> Willst du von nun an den Ruf Gottes an unsere Communauté erfüllen, in Gemeinschaft mit deinen Brüdern? – Ich will es. […]
> Willst du stets Christus in deinen Brüdern erkennen und so über sie wachen in guten und schlechten Tagen, im Leiden und in der Freude? – Ich will es.»

Es ist ein wechselseitiges Versprechen. Denn auch der neu Eingetretene erhält eine bindende Zusage – von der Gemeinschaft und von Christus, der in ihr gegenwärtig ist:

> «Bruder, der du dich der Barmherzigkeit Gottes anvertraust, denk daran, dass Jesus Christus deinem schlichten Glauben zu Hilfe kommt, sich auf dich einlässt und für dich die Verheißung erfüllt: Jeder, der um Christi und um des Evangeliums willen alles verlassen hat, wird das Hundert-

fache dafür empfangen [...]. Ziehe von nun an auf den Spuren Christi. Sorge dich nicht um morgen. [...] Der Herr Jesus Christus hat dich in seinem Erbarmen und in seiner Liebe zu dir dazu berufen, in der Kirche ein Zeichen brüderlicher Liebe zu sein. Er ruft dich auf, mit deinen Brüdern das Gleichnis des gemeinsamen Lebens zu verwirklichen.»

Frère Roger, wie er von jetzt an hieß, betrachtete dieses Datum als die eigentliche Geburtsstunde der Communauté. Es war ein unerhörtes Ereignis innerhalb der Kirchen der Reformation, die das Mönchsleben jahrhundertelang abgelehnt hatten. «Möncherei» habe nichts mit Frömmigkeit zu tun, pflegte der enttäuschte Augustinermönch Martin Luther kategorisch zu erklären.

Frère Roger wollte den ersten Männerorden im protestantischen Bereich niemals als Provokation verstanden wissen oder als den Versuch einer bloßen Restauration, der nur neue Barrieren zwischen den Kirchen auftürmen würde. Seine leidenschaftliche Suche habe ganz im Gegenteil einem «Gleichnis der Gemeinschaft» gegolten, «verkörpert im Leben einiger Männer; denn Worte werden erst glaubwürdig, wenn sie gelebt werden. Immer hatte ich nur einen Gedanken: unter den Teig der gespaltenen Kirchen ein Ferment der Gemeinschaft mengen.»

Zunächst genügte den Brüdern eine Reihe von Zitaten aus den Evangelien als Richtschnur des täglichen Lebens – nach dem Muster der Ordensregel des armen Francesco von Assisi. Erst drei Jahre später entstand eine richtige Regel, «langsam zur Frucht gereift» (Frère Roger), ohne drückenden Zwang und zu viele Details, auch nicht gedacht als die große Idee eines spirituellen Genies, sondern als Zusammenfassung der im Lauf der ersten Jahre gemeinsam gemachten Erfahrungen. Frère Roger beschrieb sie einmal als Grundüberzeugung der Gemeinschaft, dazu bestimmt, «sie nicht mehr fortgesetzt zu diskutieren, sondern täglich neu mit ihr anzufangen».

Keineswegs, so hieß es am Schluss dieser Regel, solle sie die Brüder davon entbinden, ständig nach dem Plan Gottes zu suchen – «dann wäre sie besser nie geschrieben worden». Neue Erfahrungen wurden dem Text als

Aktualisierung hinzugefügt. Und weil «Regel» so unangenehm nach Gesetz und Behördensprache klang, sprach man später nur noch von den «Quellen von Taizé». Das war überhaupt bezeichnend für Frère Roger, dass er seine Bücher ständig umschrieb, Überflüssiges strich, neue Einsichten hinzufügte.

«Du bist von nun an nicht mehr allein. Immer musst du mit deinen Brüdern rechnen.» Mit diesen Sätzen begann die ursprüngliche Regel. *La vocation de Dieu*, die «Berufung durch Gott», gilt nicht nur dem Einzelnen, sondern der ganzen Gemeinschaft – ein für Protestanten ziemlich neuer Gedanke. Auftrag der Brüder ist deshalb zuallererst das «gemeinsame Zeugnis», *témoignage communautaire*.

«Bleib niemals auf der Stelle, zieh vorwärts mit deinen Brüdern», forderte die erste Regel auf. «Die Einsamkeit lieben, die Vereinzelung verabscheuen», hatte der junge Roger notiert, lange bevor er an die Gründung einer Mönchsgemeinschaft dachte. In der *Kleinen Quelle* heißt es heute: «Du möchtest vielen anderen die Wege des Herrn Jesus Christus bereiten […]. Du weißt, Jesus Christus ist für alle, nicht nur für einige gekommen; er hat sich ausnahmslos an jeden Menschen gebunden. […] Der gemeinsame Einsatz spornt dich an – freue dich, du bist nicht mehr allein, in allem gehst du den Weg mit deinen Brüdern. Mit ihnen bist du berufen, das Gleichnis der Gemeinschaft zu verwirklichen.»

Ein Zeichen, ein Gleichnis! Die Brüder wollen nicht predigen oder missionieren mit dem Ziel, den Mitgliederbestand der Kirchen zu mehren. Niemals möge man «im Namen der Kirchenraison jemand einfangen und festhalten», mahnte Frère Roger. Einfach da sein wollen die Brüder, als ein lebendiges Gleichnis. Roger: «Ohne dass wir wissen wie, übernimmt und verklärt Gott diese Welt, die nur so langsam glaubt, einfach durch die Präsenz von Christen.»

Erfüllt von einem solchen Geist, werde das gemeinsame Leben zum «Hefeteig», zur «explosiven Kraft», Roger geriet beinah ins Schwärmen: «Es kann Berge von Gleichgültigkeit versetzen und den Menschen auf unersetzbare Weise die Gegenwart Christi vermitteln.»

Gemeinschaftsbewusstsein, Brüderlichkeit, Mitmenschlichkeit sind in der Regel von Taizé keine abgeschmackten Leerformeln. Der Text wird hier so konkret, dass man die dahinter stehenden schmerzlichen Erfahrungen spürt: «Bedenke, wenn du in gereiztem Ton redest, den Schmerz, den du damit Christus zufügst. Lass dich nicht durch Antipathien bestimmen. […] Deine natürliche Neigung kann dich dazu verleiten, gleich zu Anfang ein Vorurteil zu haben, deinen Nächsten nach seinem schlechten Tag zu beurteilen, dich zu freuen über Fehler, die du an einem Bruder erkannt hast. […] Meide die kleinlichen Streitereien zwischen Brüdern; nichts entzweit so sehr wie die dauernden Diskussionen um alles und nichts. […] Lehne es ab, Andeutungen über diesen oder jenen Bruder anzuhören.»

Ohne dass es jemand beabsichtigt hätte, war aus dem losen Freundschaftsbund von Taizé der erste protestantische Männerorden geworden. Großes Kopfschütteln im eigenen reformierten Lager, Verunsicherung bei den Katholiken, als die Brüder nun auch noch die drei traditionellen Mönchsgelübde übernahmen: Armut, Keuschheit, Gehorsam. Auch das sei keine Absicht von Anfang an gewesen, keine bloße Nachahmung alter Vorbilder, betonte Frère Roger, sondern Ergebnis eines gemeinsamen Lernprozesses: «Wir konnten nicht unserer Berufung treu bleiben, ohne uns total zur Gütergemeinschaft, zur Anerkennung einer Autorität und zum Zölibat zu verpflichten.»

Es lohnt sich, genauer zu betrachten, wie die Brüder von Taizé diese drei «Engagements» mit Leben füllen. Begründet werden alle drei mit der Verfügbarkeit Christus gegenüber, die eine vorbehaltlose Hingabe verlange.

Zum Beispiel die Gütergemeinschaft. Zitat aus der *Kleinen Quelle:* «Die Kühnheit, sich ohne Furcht vor möglicher Armut keinerlei Kapital zu sichern, verleiht eine unangefochtene Stärke.» Denn zu viel Besitz macht abhängig, hemmt die Gemeinschaft. «Jede Art von Rücklage bildet nach und nach ein bleiernes Gehäuse», pflegte Frère Roger zu sagen.

Das gilt nicht nur für den Einzelnen, sondern auch für die Gemeinschaft. Die Brüder sind da sehr sensibel; sie kennen die üblen Beispiele aus der Kirchengeschichte, auch aus Cluny ganz in der Nähe: steinreiche Klöster, die das private Armutsgelübde der Mönche durch das Anhäufen von Gemeinschaftsbesitz zu unterlaufen wussten. Taizé dagegen sollte laut Frère Roger «einen einfachen Lebensstil bewahren und abwerfen, was von einer Fassade des Erfolgs übrig bleiben könnte.»

Das heißt freilich nicht, dass die Communauté die Vorsorge für die Menschen vernachlässigt, für die sie Verpflichtungen übernommen hat, oder dass die Brüder bei ihren Mitchristen betteln gehen. Sie üben interessante Berufe aus, sie arbeiten als Töpfer, Setzer, Drucker, Grafiker, Buchillustratoren, Programmierer, Landwirte, Sozialarbeiter, Psychologen, Ärzte, um den Lebensunterhalt der Gemeinschaft zu verdienen. Jeder erhält aus der gemeinsamen Kasse, was er wirklich braucht. Überschüsse werden an Menschen gegeben, die in materieller Not leben. Spenden, Erbschaften hat die Gemeinschaft von Anfang an abgelehnt.

Einfachheit des Lebensstils bedeutet in Taizé keineswegs freudlose Armut. «Trübsinn und Kargheit» entsprächen gewiss nicht den Seligpreisungen, meinte Frère Roger, dem die selbstgerechten «Fanatiker der Armut» Angst einjagten: «Würde ein karger Lebensstil zum Sammelbecken für Bitterkeit und zum Vorwand für Verurteilungen – wo bliebe die unbeschwerte Freude am Heute?» Arm und einfach leben, das hieß für ihn intensiver, mit mehr Fantasie leben, der «schlichten Schönheit der Schöpfung» ihre Geheimnisse abschauen, das Vorhandene miteinander teilen, auf das Anhäufen von Reserven verzichten: «Die heranwachsende Generation entfernt sich von uns Christen, die wir so gerne von der Sicherheit in Gott reden, dabei aber gleichzeitig auf so viele Sicherheiten in Gold und Silber angewiesen sind.»

Der Verzicht auf den – mittlerweile recht ertragreichen – Landbesitz der Communauté war ein konkreter Schritt des Miteinanderteilens. Schon 1954 hatte einer der Brüder eine Molkereigenossenschaft gegründet, die den Kleinbauern Unabhängigkeit von der weiterverarbeitenden Industrie und einen anständigen Preis garantierte; nach wenigen Jahren gehörten dieser Genossenschaft mehr als 1200 Bauernhöfe an.

1964 brachten die Brüder ihren Besitz an Boden, Vieh und Maschinen in eine gemeinsam mit fünf katholischen Bauernfamilien gegründete landwirtschaftliche Produktionsgenossenschaft ein. Der Communauté gehörte jetzt nur noch das Grundstück, auf dem ihr Haus steht. Felder, Vieh und Traktoren gehören allen, der Ertrag wird in gleiche Teile geteilt. Den Bauernfamilien ermöglichte dieser Schritt abwechselnd ein freies Wochenende und zum ersten Mal einen Jahresurlaub. Mit einer *Operation Hoffnung* begann die Communauté außerdem eine Reihe landwirtschaftlicher Kooperativen in Lateinamerika zu unterstützen. Heute gilt ihr Engagement unter anderem Aids-Waisen in Afrika.

Das zweite, am meisten auf Unverständnis stoßende «Engagement» der Brüder ist ihre Ehelosigkeit – begründet mit der größeren Verfügbarkeit, «um sein Leben hinzugeben für die, die man liebt». Tragendes Motiv für eine solche Lebensform kann laut Frère Roger nie enttäuschte Liebe oder eine Abneigung gegenüber der Ehe sein, sondern nur die Treue zu Christus und die Bereitschaft, ganz und gar für die anderen Menschen da sein zu wollen: «Das Wort ‹Ich liebe dich›, das wir zu Christus sagen, legt uns nahe, unser Wollen mit einer Geste, einer Tat deutlich zu machen, sonst bleibt es leerer Buchstabe.»

Mit ihrem dritten «Engagement» versprechen die Brüder bei der Profess schließlich, die Entscheidungen anzunehmen, «die in der Communauté getroffen und durch den Prior zum Ausdruck gebracht werden». Man spricht in Taizé von keinem Gehorsamsgelübde im klassischen Sinn, aber darauf läuft es hinaus – im Interesse der Einheit der Gemeinschaft.

«Damit nicht ein Geist des gegenseitigen Sichüberbietens gefördert wird», so steht es in der Erstfassung der Regel, «hat der Prior vor seinem Herrn den Auftrag, die Entscheidung zu fällen, ohne dass er dabei an eine Mehrheit gebunden wäre». Denn wenn sich die Communauté auf Mehrheitsbeschlüsse einließe, so hieße das, «dass sich der Wille des Herrn durch 51 Prozent der Stimmen zu erkennen geben müsste» (Frère Roger). Es käme zur Fraktionsbildung und zu einem Übergewicht der wortgewandten und selbstsicheren Brüder.

Der Prior, der sich selbst nur «Frère Roger» nennen ließ und von einem, der ihn gut kannte, als «durchsetzungsfähig und liebenswürdig, eigensinnig und demütig» zugleich charakterisiert wurde, übte diese dienende Autorität gewiss auf eine ganz persönliche, unverwechselbare Weise aus. Sein Nachfolger wird den einmal gebahnten Weg nicht verlassen können: Das Amt des Priors soll nicht die Macht eines einzelnen befestigen, sondern die Solidarität der Brüder untereinander fördern.

In der *Kleinen Quelle* wird der Prior «Diener der Gemeinschaft» genannt und «ein armer Diener des Evangeliums». Der Prior, so sagte Roger, soll «diejenigen sammeln und zusammenführen, die sich ständig trennen und gegeneinander stehen». Und er betonte, dass Entscheidungen im aufmerksamen Gespräch, im Gedankenaustausch während der Mahlzeiten, im jährlich stattfindenden «Bruderrat» fallen. «Ich habe niemals gewagt und würde es auch niemals wagen, zu einem meiner Brüder zu sagen: Tu dies oder das. Wir werden miteinander suchen, was zu tun ist.»

Realisten wie Frère Roger betrachten ein Projekt, das sie angestoßen haben, nie als vollendet; deshalb können sie immer wieder die schönsten Überraschungen erleben. «Jeden Tag staune ich darüber, auf welchen Weg Gott uns geführt hat», sinnierte er einmal. «Manchmal frage ich mich: Haben wir das gemeinsame Leben schon begonnen? Oder beginnen wir es gerade? Oder werden wir es bald beginnen? […] Auf unserem Weg zum Gleichnis der Gemeinschaft stecken wir noch in den Kinderschuhen.»

5

ERLÖSENDES VERTRAUEN

5 Erlösendes Vertrauen

«*Und das Ja fängt inwendig Feuer*»

Das gemeinsame Suchen nach dem richtigen Weg prägt die Communauté von Anfang an. In Taizé ist nichts fertig – die Regel, die Kirche, die Formen des Gottesdienstes, alles ein großes Provisorium, alles spontan, mit einem weiten Spielraum für individuelle Begabung und schöpferische Fantasie. Die eingangs erzählte Geschichte von der niedergerissenen Kirchenmauer, um Platz für Gottesdienstbesucher zu schaffen, passt genau ins Bild. *Dynamik des Vorläufigen* heißt ein programmatisches Buch von Frère Roger: Taizé nimmt sich selbst nie so ernst, dass es zum Sklaven seiner eigenen Strukturen werden könnte.

Denn die größte Gefahr, meinte der Prior, liege darin, sich selbst zu genügen und den Deckel über einem einmal entdeckten Schatz wieder zu schließen. Am Ende verwende man dann alle Kräfte darauf, den gewachsenen Formen Dauer zu verleihen, sich hinter schützende Mauern zurückzuziehen, den Gesichtskreis immer mehr zu verengen ... Nichts sei tödlicher für das strömende Leben als ein starres System.

Deshalb hat man in Taizé die Büros aufgelöst, als sie begannen, die eigene Arbeit als unentbehrlich zu verherrlichen. Deshalb vernichten die Brüder regelmäßig am Jahresende alle Statistiken und Dokumente, um sich nicht unnötig mit einem Archiv zu belasten und um nicht in Versuchung zu geraten, eines Tages die eigene Geschichte zu feiern.

1951 verließen die ersten Brüder Taizé und gingen in die Bergbauregion von Montceau-les-Mines, vierzig Kilometer von Taizé entfernt, um dort zu wohnen und in den Bergwerken zu arbeiten. Ihr Motiv war der Regel zu entnehmen: «Wie die Jünger, ausgesandt zu je zwei und zwei, sind die ausgesandten Brüder Zeugen Christi. Sie sollen ein Zeichen seiner Gegenwart unter allen Menschen sein und Träger der Freude.»

Weitere solcher Fraternitäten, natürlich wieder provisorischer Natur,

Einer der katholischen Bischöfe, die Frère Roger auf dem Konzil kennenlernt, ist Dom Hélder Câmara, ein Brasilianer, der sein Palais verkauft und zu den Armen zieht.

entstanden später in den algerischen Elendsvierteln – eine Mutprobe mitten im Krieg gegen Frankreich! –, in einem Schwarzengetto von Chicago, als dort schwere Rassenunruhen tobten, in Großbritannien, Schweden, Rwanda, im brasilianischen Recife beim «roten» Erzbischof Dom Hélder Câmara, in Bangladesh, wo es kaum Christen gibt, in engem Kontakt mit jungen Muslimen, Buddhisten und Hindus.

ERLÖSENDES VERTRAUEN

1985 findet im südindischen Madras das erste Interkontinentale Jugendtreffen statt. Nach den Abendgebeten hat Frère Roger sich längst mit Kindern aus einem Elendsviertel angefreundet.

Es war kein kurz aufflackerndes Strohfeuer, als sich die Brüder entschlossen, die Lebensbedingungen der Armen und Geplagten zu teilen. Kleine Fraternitäten gibt es bis heute, in Elendsvierteln Asiens, Afrikas, Südamerikas und der USA. Die Brüder bemühen sich, bei den Ärmsten zu sein, den Straßenkindern, den Gefangenen, den Sterbenden, bei all jenen, die bis in die Tiefe ihrer Seele durch den Mangel an Liebe und den Verlust an menschlichen Beziehungen verletzt worden sind.

Keine Missionspredigt, sondern handfeste Zeichen der Liebe – nicht immer zur Freude ihrer Gastgeber. In Montceau-les-Mines haben sich die Brüder so vehement am gewerkschaftlichen Kampf um die Rechte der Bergarbeiter beteiligt, dass schon bald alle Fabriktore in der Region für sie verschlossen blieben.

Daheim in Taizé waren währenddessen die ersten katholischen Brüder zur Communauté gestoßen (beginnend mit einem jungen Arzt aus Belgien an Ostern 1969); aus dem ersten protestantischen Orden wurde die erste ökumenische Brüdergemeinschaft der Kirchengeschichte. Und schon 1962 hatten freiwillige Helfer der in Deutschland gegründeten *Aktion Sühnezeichen* gemeinsam mit den Brüdern die «Versöhnungskirche» gebaut, weil das Dorfkirchlein längst viel zu klein geworden war für die Besucherströme aus allen Kontinenten. Jene Versöhnungskirche, die schon bald erneut erweitert werden musste.

Denn inzwischen kamen jedes Jahr mehr als hunderttausend Menschen nach Taizé. Die Gemeinschaft öffnete sich bereitwillig der «jungen Hoffnung», die Frère Roger in diesen Besuchern «über dem Horizont unseres gewalttätigen Heute» aufsteigen sah. Aus seiner leidenschaftlichen, fast parteiischen Liebe zur Jugend hat Roger – vom Typ her der verständnisvolle große Bruder, der erst im Alter zur Vaterfigur wurde – nie ein Hehl gemacht. Er bewunderte ihre Uneigennützigkeit, ihre «Scheu vor Privilegien», ihren Mut, das Evangelium «in sich protestieren zu lassen» und danach zu leben. Er nannte die jungen Menschen Propheten und traute ihnen zu, «das ganze Volk Gottes mitzuziehen».

In Taizé ist niemand allein, in Taizé gibt es auch keine Masse. Beim Anstehen zum Essen ergeben sich oft die besten Gespräche.

ERLÖSENDES VERTRAUEN

Wobei er sich der besonderen historischen Situation bewusst war: «Gläubige und Ungläubige sind heute imstande, gemeinsam Neues aufzubauen»; diese Chance habe es in der Christentumsgeschichte noch nie gegeben. Und die Jugend der 68er Jahre galt als «verlorene Generation», durch eine riesige Kluft des Misstrauens und Nichtverstehenwollens von den Erwachsenen und Etablierten getrennt. Die Träume junger Leute von einer gerechteren Welt und Gesellschaft fanden bei den Älteren kaum Sympathien – außer bei ein paar kritischen Vordenkern an den Universitäten und bei den noch selteneren Veteranen revolutionärer Erhebungen. Hier in Taizé fühlten sie sich plötzlich ernst genommen, fanden sie Menschen, die ihre Visionen teilten, bisweilen auch läuterten, aber immer zu einem gegenseitigen Lernprozess bereit waren.

Das bunte, pulsierende Leben durfte für Roger nie zur Einbahnstraße werden: Ebenso leidenschaftlich, wie er sich für die Jugend in die Bresche warf, kämpfte er für die Würde und die Rechte der beiseite geschobenen alten Menschen. Ohne sie wäre die Erde unbewohnbar, pflegte er zu sagen. Und ermunterte die Jungen und die ganz Alten, aufeinander zuzugehen und die Kostbarkeit der Freundschaft zu entdecken: «Es ist so wichtig, dass alte Menschen einen Jugendlichen einladen und ihn anhören, zum Beispiel einen jungen Menschen, der bis auf den Grund seiner Seele verletzt wurde, weil die engsten Beziehungen zu anderen Menschen zerbrochen sind. [...] Viele betagte Männer und Frauen meinen in den Augen der anderen nichts wert zu sein, nichts Wesentliches fertig gebracht zu haben. Dabei sind sie fähig, anderen zuzuhören, ohne sie zu verurteilen, sind sie fähig zu leiden, ohne es andere spüren zu

Auf seinen Reisen in ferne Länder begegnet Frère Roger Weisen und Mystikern aller Religionen.

lassen. Wer wird hingehen und ihre abgearbeiteten Hände küssen zum Dank, dass sie anderen Wege bahnten?»

Menschen zuhören, Menschen auf ihrem Weg begleiten, Menschen zu sich selbst bringen – das war sein Lebensinhalt. «Ohne mit anderen zusammen zu sein, ohne andere zu begleiten, könnte ich nicht leben», gestand er seiner Biographin Kathryn Spink. «Heutzutage werden die Menschen am tiefsten durch die Verlassenheit, durch das Zerbrechen menschlicher Zuneigung verwundet. Den andern entdecken lassen, dass nichts ihn von der Liebe Gottes trennen kann, darum dreht sich alles. Wie kann der andere nur begreifen, dass das Wesentliche in ihm schon vollbracht ist?»

In Europa wie auf anderen Erdteilen hat Frère Roger immer ein Ohr für die Jugendlichen.

Denn diese aufschließenden, tröstenden, ermutigenden, heilenden Gespräche, Tag um Tag, all die Jahrzehnte, hatten wenig von Psychoanalyse an sich. Roger führte keine Diskussionen über Standpunkte und detaillierte Problemlösungen. Er verkündete keine unfehlbaren Heilswege wie ein Guru, sondern machte sich mit all den anderen Suchenden auf den Weg zu einem Ziel, das er selbst noch nicht kannte.

Seine Sehnsucht war immer noch, «alles vom anderen zu verstehen», wie er es sich an jenem geheimnisvollen Abend lange vor der Gründung von Taizé vorgenommen hatte. «Christus versteht alles vom Menschen», schrieb er staunend in sein Tagebuch. «Kann ich meinerseits in allen Situationen alles begreifen? Zwar nicht die Sünde gut heißen, durch die der Mensch den anderen gefangen nimmt, aber all die vielen ‹Warum› begreifen ... Ja, so weit müssten wir kommen.»

So ein Gespräch brauchte nicht viele Worte. Manchmal verstehen sich Menschen am besten, wenn sie miteinander schweigen. Roger beherrschte diese Kunst des lauschenden Schweigens. Manchmal sah er seinen Besucher nur an, umarmte ihn kraftvoll, legte ihm den Arm um die

FRÈRE ROGER

Schulter, wie es Christus auf einer uralten koptischen Ikone, die er sehr liebte, mit einem betrübten Freund tat.

Roger wollte sein Gegenüber entdecken, seinen Wesenskern losschälen, hinter den üblichen Masken und Schutzpanzern seinem wirklichen Ich begegnen – nicht aus indiskreter Neugier, sondern weil er jeden Menschen als kostbares Geschenk Gottes betrachtete: Das sei das Schönste in seinem Leben, einen Menschen «in seiner Ganzheit zu erkennen, sowohl die innere Dramatik, die sich kaum eingestehen lässt, der aus dauerndem Scheitern oder einem inneren Bruch herrührende Komplex, wie auch die unersetzlichen Gaben, durch die hindurch das Leben in Gott in einem Menschen alles vollbringen kann.»

Frère Rogers magnetische Wirkung auf Menschen lag vielleicht genau darin begründet: «Auch das unaussprechlichste Eingeständnis kann mich an einem Menschen nicht irre machen, vielmehr bemühe ich mich, ihn in seiner Ganzheit zu begreifen, wobei ich mich mehr auf wenige Worte und gewisse Ein-

Die koptische Ikone der Freundschaft Christi aus dem 7. Jahrhundert wird vielen Jugendlichen zum Symbol dafür, dass sie nicht allein unterwegs sind.

stellungen stütze als auf lange Formulierungen. Es genügt nicht, mit einem Menschen nur das zu teilen, was sein Inneres unfrei macht. Man muss auch die besondere Gabe herausfinden, die Gott ihm gegeben hat, den Grundpfeiler seiner ganzen Existenz. Hat man diese Gabe oder diese Gaben einmal ganz ans Licht gebracht, dann stehen alle Wege offen.»

«Vertrauen» hieß das Zauberwort. War das einmal in einem Menschen geweckt und verankert, dann stellten die Altlasten und quälenden Narben eines Lebens ebenso wenig ein Hindernis dar wie der Überdruss an der Gegenwart und die Angst vor der Zukunft. «Wäre das Vertrauen des Herzens aller Dinge Anfang, du kämest weit, sehr weit», versicherte Frère Roger fast schon suggestiv. Denn Vertrauen entkrampft, setzt Kräfte frei, verwandelt.

Vertrauen hing für ihn eng mit einer anderen Grundhaltung zusammen, die zu den christlichen Essentials gehört und so oft zum Lippenbekenntnis verkommen ist: Barmherzigkeit. Wer vertraut, gibt sich und dem anderen eine Chance. Wer sich barmherzig verhält, tut dasselbe. Den schlimmsten Fehler im zwischenmenschlichen Umgang sah Roger immer darin, dem anderen «ein Etikett an die Stirn zu heften». Denn damit blockiere man jede Entwicklung zum Guten. «Wie schnell läuft der Mensch Gefahr, Beweise zu suchen, die solche Urteile rechtfertigen.»

Christus gehe ganz anders mit den Menschen um: Er verschließe keineswegs die Augen vor Schuld und Gemeinheit. Aber man könne entdecken, «dass Christus durch unsere Gebrechlichkeit, unsere Fehlschläge, unsere Ablehnung, ja unsere Ängste hindurchgeht, und gleichzeitig begreifen wir, dass er ihnen etwas von seinem eigenen Gesicht verleiht. Das heißt: Er verklärt sie, er gestaltet unsere Tiefen um. […] Selbst mit unseren Dornen entzündet Gott ein Feuer, das nie erlischt.»

6

DER KAMPF WIRD ZUM FEST

6 Der Kampf wird zum Fest

*«Damit der Mensch nicht mehr
Opfer des Menschen sei»*

 Eines Tages erfand Bruder Roger das *Konzil der Jugend*. Die jeweils eine Woche dauernden Treffen in Taizé erschienen ihm zusehends unfruchtbar, Inseln fern vom alltäglichen Leben zu Hause: «Ich ahne», notierte er in seinem Tagebuch, «dass ein intensiver Austausch nötig wäre, der sich über die kommenden Jahre ständig erneuert.»

Ein «inneres Abenteuer» sollte es werden, keine perfekt geplante Riesenversammlung mit feurigen Reden und kühnen Resolutionen, sondern ein gemeinsames, beharrliches Suchen nach Möglichkeiten, die «Frohe Nachricht» in das eigene Leben zu übertragen, und nach anderen Menschen, die dasselbe probieren. Am Osterfest 1970, junge Leute aus fünfunddreißig Ländern feierten trotz Regen, Sturm und Schnee die Auferstehung, die Mönche verteilten heiße Schokolade und die Menschen tanzten um die Kirche, an diesem Osterfest wurde in Taizé das *Konzil der Jugend* angekündigt:

«Der auferstandene Christus kommt, um im Innersten des Menschen ein Fest lebendig werden zu lassen! Er bereitet uns einen Frühling der Kirche, einer Kirche, die über keine Machtmittel mehr verfügt, bereit, mit allen zu teilen, ein Ort sichtbarer Gemeinschaft für die ganze Menschheit. Er wird uns genügend Fantasie und Mut geben, einen Weg der Versöhnung zu bahnen. Er wird uns bereit machen, unser Leben hinzugeben, damit der Mensch nicht mehr Opfer des Menschen sei.»

In den folgenden viereinhalb Jahren wurde das «Konzil der Jugend» überall auf dem Globus intensiv vorbereitet. Gruppen von Jugendlichen besuchten sich gegenseitig, bauten ein Netz von Kontakten auf. In allen Kontinenten entstanden kleine Zellen des Gebets und der gemeinsamen Erfahrung. In Brasilien, Kolumbien, Indien und anderen Ländern organi-

sierten die jungen Leute so genannte «Horchposten», um auf die Stimme der Armen hören zu können. Hunderttausend Adressaten in einhundertdreißig Ländern erhielten Fragen übermittelt, die zusammen mit den eingegangenen Antworten später den Ablauf des Treffens bestimmten: «Welchen Lebensstil sollen jene haben, die sich nicht fürchten, Zeichen des Widerspruchs zu sein? Wie können wir mithelfen, der Kirche ein neues Gesicht zu geben?»

Am 30. August 1974 versammelten sich vierzigtausend junge Menschen schweigend, dann wieder singend in einer «Kirche» aus fünf bunten Zirkuszelten. Teilnehmer aus Bangladesh, dem Senegal, Nordamerika erzählten von Armut, Unterdrückung und Unmenschlichkeit in ihren Heimatländern. In mehreren Sprachen wurden die Seligpreisungen verkündet.

In Taizé wird das Dunkel der Welt nicht verschwiegen, sondern mit dem Licht unzähliger kleiner Kerzen erfüllt.

DER KAMPF WIRD ZUM FEST

Die Jugendlichen lassen sich in Taizé darauf ein, zu den Quellen des Glaubens zu gehen.

Die ganze Nacht über wachten Tausende in Taizé, vereint mit den Gefangenen und Verfolgten der ganzen Welt. Am Morgen las Joseph Ndundu aus Zaire einen *Brief an das Volk Gottes* vor: «Kirche, was sagst du von deiner Zukunft?» Der Inhalt: Angesichts einer Erde, die «für die Mehrzahl der Menschen nicht bewohnbar» sei, ausgebeutet von einer «unerträglich privilegierten Minderheit», beherrscht von Gewaltregimes, regiert vom Profit und von multinationalen Konzernen, könne das Volk Gottes der Frage nach dem Weg zur Befreiung nicht ausweichen. Der auferstandene Christus – in seiner Kirche lebendig und unter seinen Menschengeschwistern verborgen – bereite es darauf vor, ein «kontemplatives Volk» zu werden, nach Gott dürstend, und gleichzeitig ein Volk der Gemeinschaft, zusammen mit den ausgebeuteten Menschen um Gerechtigkeit kämpfend.

«Kirche, was sagst du von deiner Zukunft?» Der Brief aus Taizé präzisierte die Frage in schmerzhafter Deutlichkeit: «Wirst du auf die Mittel der Macht und die Vorteile der Kompromisse mit der politischen und finanziellen Macht verzichten? Wirst du die Privilegien aufgeben und dich weigern, Kapital anzulegen? Wirst du endlich die universelle Gemeinschaft werden, die mit allen ohne Unterschied teilt, endlich eine versöhnte Gemeinschaft, ein Ort der Gemeinschaft und der Freundschaft für die gesamte Menschheit? Wirst du am konkreten Ort wie auf der ganzen Erde Samenkorn einer Gesellschaft ohne Klassen und Privilegierte werden, in der nicht mehr ein Volk über das andere herrscht noch ein einzelner Mensch über den anderen?»

Die Wirkung dieses Signals war durchschlagend: Das «Konzil der Jugend» pflanzte sich in alle Kontinente fort. Wohngemeinschaften, offene Gruppen, Pressure groups für hilflose Minderheiten schossen aus dem Boden. Junge Engländerinnen zum Beispiel lebten ein paar Monate in einem Elendsviertel von Nairobi und teilten ihr Essen mit den Nachbarn. Daheim in Großbritannien eroberten sie armen Mitbürgern mit Sitzstreiks Wohnungen in Häuserblocks, die geschäftstüchtige Spekulanten leer stehen ließen. Ein Getto alter Menschen in Manhattan, ein Arbeiterviertel in Quebec, ein Lager chilenischer Flüchtlinge, Gefängnisse, Gastarbeiterfamilien in Wien – die Jugendlichen verwandelten alle diese tristen Stätten in «Orte der Hoffnung», wo das neue Gesicht des Volkes Gottes bereits sichtbar wird, wo kleine Gruppen von Christen damit beginnen, die Seligpreisungen zu leben.

Frère Roger spricht zu den Jugendlichen schüchtern, eher verhalten, und schärft auch den Brüdern ein, sich nicht als Meister des geistlichen Lebens aufzuspielen.

Über die ganze Erde verstreut, könne dieses Volk Gottes in der Menschheitsfamilie ein Gleichnis des Miteinanderteilens setzen, hieß es im zweiten *Brief an das Volk Gottes,* der bei einem Jugendtreffen in der Pariser Kathedrale Notre-Dame 1976 zum ersten Mal vorgelesen wurde und bei einem mehrmonatigen Aufenthalt junger Leute mit Frère Roger in Kalkutta und Bangladesh geschrieben worden war. Roger brachte von diesem Aufenthalt ein vier Monate altes Mädchen namens Marie-Sonaly mit nach Taizé, dessen Mutter bei der Geburt gestorben war. Mutter Teresa hatte ihm die Kleine anvertraut.

Mutter Teresa und Frère Roger sind sich öfter begegnet, in den Sterbehäusern Kalkuttas, in Rom und zweimal in Taizé.

Rogers Stimme war der erste männliche Laut, den Marie-Sonaly vernahm, deshalb hing sie an ihm wie an einem Vater und brabbelte glücklich, als er sie auf sein Bett legte. «Nur in meinen Armen schlummerte sie ein. Und wenn ich ihr etwas vorsang, erkannte sie meine Stimme.» Man hatte ihm gesagt, das Kind werde vermutlich sterben, es erbrach jede Nahrung und hatte keine Widerstandskraft. Aber Marie-Sonaly überlebte – vielleicht, weil Roger immer da war. Sie lebte monatelang in seinem Zimmer in Taizé mit den orangerot leuchtenden Wänden und dem Boden aus dicken honigfarbenen Tannenbohlen. Während er Briefe schrieb, schlief sie auf seinen Knien. Später fand sie im Dorf bei Rogers Schwester Geneviève ein Zuhause, aber er betrachtete sie immer als sein Patenkind.

Ein Jahr nach diesem Aufenthalt in Kalkutta ließen sich einige Brüder mit einer Gruppe Jugendlicher in Hongkong häuslich nieder, in einer baufälligen, von Ratten heimgesuchten Baracke, die auf Pfählen im chine-

Auf rauchenden philippinischen Müllhalden nimmt Frère Roger Kinder bei der Hand, die keine Chance zu gesellschaftlichem Aufstieg haben.

sischen Meer stand. Dort, mitten unter den Ärmsten, schrieben sie den *Brief des Konzils der Jugend an alle Generationen:* Die Zeit sei gekommen, die Orte des Miteinanderteilens zu vermehren und sich im Kampf um gerechte Gesellschaftsstrukturen und um eine Neuverteilung der Güter mitten in die Konfliktfelder zu begeben. «Ein Christ hängt leidenschaftlich an der Menschheit», stellte Frère Roger fest, «weil Gott ihm ein universales Herz gegeben hat.»

Vertrauen, Versöhnungsbereitschaft, Gewaltverzicht führten ja keineswegs dazu, sich vor der politischen Verantwortung zu drücken, gab Bruder Roger an der Jahrtausendwende bei einem Europäischen Jugendtreffen in Warschau zu bedenken, im Gegenteil: «Wer tief gehendes Vertrauen hat, geht der Verantwortung nicht aus dem Weg, sondern findet seinen Platz dort, wo die Gesellschaft ins Wanken oder aus den Fugen gerät. Er nimmt Risiken in Kauf und lässt sich auch von Fehlschlägen nicht aufhalten.»

Die Konsequenzen des Vertrauens und der Sehnsucht nach Frieden sind sehr konkret: Umverteilung der Güter dieser Erde, Aufbrechen der politischen Blöcke, Offenheit für Asylbewerber und Aussiedler. Nicht zuletzt Verzicht auf endlose Abrechnungen. Als Frère Roger 1989 den Aachener Karlspreis überreicht bekam, sprach er das heikle Thema der historischen Schuld Deutschlands an. Man dürfe niemals über ein ganzes Volk den Stab brechen. «Es gibt keine Völker, die schuldiger sind als andere.»

Als die Abrüstungsgespräche zwischen den USA und der Sowjetunion in eine entscheidende Runde traten, sprach Frère Roger in Madrid – wo gerade ein Jugendtreffen stattfand – mit den Botschaftern der beiden Supermächte. Er hatte eine Horde Kinder aus allen Weltteilen mitgebracht und überreichte den Diplomaten einen leidenschaftlichen Appell an ihre Staatschefs: «Um der Kinder auf der ganzen Erde willen, denen die Möglichkeit fehlt, auf die Bedrohung ihrer Zukunft aufmerksam zu machen», müssten ernsthafte Schritte zum Abbau der Waffenarsenale und zu einer gerechten Verteilung der Güter zwischen Armen und Reichen eingeleitet werden. «Die gesamte Menschheitsfamilie will Frieden und

Frère Roger in Begleitung von Kindern, wie hier beim Europäischen Jugendtreffen in Mailand.

niemals Krieg. Nur ganz wenige wollen den Krieg.» 1985 traf Roger in New York mit UN-Generalsekretär Xavier Pérez de Cuellar zusammen, wieder begleitet von Kindern, und übergab ihm durchdachte Vorschläge von Jugendlichen, wie die UNO Vertrauen zwischen den Völkern bilden könne.

Am Weihnachtsabend 1982 eröffnete Frère Roger in Beirut, im von Kämpfen zwischen Christen und Muslimen geschüttelten Libanon, einen weltweiten *Pilgerweg der Versöhnung*, der bald darauf in *Pilgerweg des*

Vertrauens auf der Erde umbenannt wurde. Unterwegs bleiben, sich nicht träge irgendwo verschanzen – nicht einmal in einem Netzwerk rund um Taizé. Wie Frère Roger in seinem letzten Jahresbrief präzisierte: «Seitdem sich im vergangenen Jahr zehn neue Länder der Europäischen Union angeschlossen haben, ist vielen jungen Europäern bewusst, dass sie auf einem Erdteil leben, der seine Einheit sucht und Wege des Friedens einschlägt, nachdem er lange Zeit von Trennungen und Konflikten heimgesucht wurde. […] Die Suche nach Frieden liegt an der Quelle des Aufbaus Europas.»

«Dieser wäre uns jedoch kein Anliegen», fuhr der neunundachtzigjährige Roger fort, «hätte er nur zum Ziel, einen stärkeren, reicheren Erdteil zu schaffen, und auch nicht, wenn Europa dabei der Versuchung erläge, sich nur mit sich selbst zu beschäftigen. […] Sein Aufbau hat erst dann einen Sinn, wenn er als eine Etappe im Dienst am Frieden für die ganze Menschheitsfamilie aufgefasst wird. Deshalb möchten wir unsere Jugendtreffen am Jahreswechsel – wenn sie auch ‹Europäische Treffen› heißen – eher als einen ‹Pilgerweg des Vertrauens auf der Erde› verstehen.»

1983 trafen sich fünfundzwanzigtausend junge Menschen aus allen Ländern zu einem der ersten *Europäischen Jugendtreffen* in Rom, um in die Katakomben zu pilgern, zu den Quellen des Glaubens und zu den Gräbern der Märtyrer. In einem *Brief aus den Katakomben* drängten sie die Kirchen, «Erde der Versöhnung» zu werden: «Niemals mehr wirst du den zerstückelten Christus am Straßenrand liegen lassen. […] Das Evangelium ruft die Christen dazu auf, Glieder am Leib Christi zu sein und nicht Anhänger, Partisanen oder sogar Patrioten der eigenen Konfession. […] Die sichtbare Versöhnung unter Christen duldet keinen Aufschub mehr.»

Viele Jugendtreffen, an jedem Jahreswechsel, quer durch Europa folgten: London, Paris, Köln, Rom, Barcelona, Breslau, Prag, Budapest, Wien, München, Stuttgart, Hamburg, Mailand, Lissabon. Arme und reiche Kirchengemeinden haben die Jugendlichen zu Gast, die bei diesen Aufenthalten das religiöse und gesellschaftliche Leben eines Landes entdecken können. An den Vormittagen füllen sie die Gemeindekirchen aller Konfessionen mit

Beim Europäischen Jugendtreffen in Paris 2002/2003 wird auch der Touristenmagnet Notre-Dame zu einem Ort gesammelten Gebets.

ihren Gesängen. Danach lernen sie Menschen kennen, die sich für die Schwächsten einsetzen, für Strafgefangene, Asylbewerber, Obdachlose. An den Nachmittagen sind sie quer durch die Stadt den Künstlern auf der Spur, den Malern, Architekten und Musikern, die sich hier einmal vom Glauben inspirieren ließen.

Wer mit den Jugendlichen Silvester feiert, betet in der letzten Stunde des Jahres in vielen Sprachen für den Weltfrieden und begrüßt dann in einem ausgelassenen Fest der Nationen, bei denen alle Tänze und Lieder aus ihrer Heimat beitragen, das neue Jahr. Diese Treffen wären ohne die Risikobereitschaft Zehntausender Familien, die wildfremden jungen Leuten ihre Türen öffnen, nicht denkbar. Für nicht wenige Jugendliche ist es die erste bewusste Begegnung mit dem gelebten Evangelium – und mit einer risikofreudigen Kirche, die sie so noch nicht gekannt haben und in der zuallererst Vertrauen zählt.

Aber auch auf den anderen Erdteilen kam es zu denkwürdigen Begegnungen, zum Beispiel in Bolivien, wo in El Alto zum ersten Mal Studenten aus der Hauptstadt und arme Kleinbauern von den Hochplateaus auf demselben Boden zum Gebet niederknieten und aus denselben Kochtöpfen aßen. Bei solchen Gelegenheiten wurde die Kirche ohne viele Worte als ein Ort intensiver Gemeinschaft sichtbar. Auch in den Ländern des einstigen Ostblock finden Jugendtreffen statt; in den Jahrzehnten vor der Öffnung der Grenzen gab es intensive Kontakte mit Taizé, über die nicht gesprochen werden durfte und die jetzt Früchte tragen.

Zu den Gastgemeinden im sonnigen Lissabon reisen die Jugendlichen am Jahreswechsel 2004/2005 auch mit dem Schiff.

1978 hatte Frère Roger in einem Kloster bei Moskau vergeblich einige junge Russen zu treffen versucht, die über abenteuerliche Wege mit Taizé verbunden waren. Stundenlang liefen die Jugend-

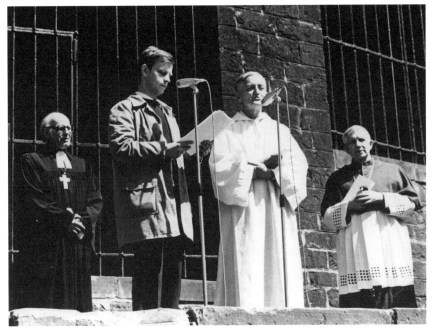

1980 kann Frère Roger zum ersten Mal nach Dresden, Leipzig und Erfurt fahren. Mit Frère Alois, Bischof Hugo Aufderbeck und Propst Heino Falcke steht er bei einer Jugendwallfahrt auf den Stufen vor dem Erfurter Mariendom.

lichen und der Gründer von Taizé dort im Park auf und ab, begegneten sich wie zufällig auf den Weggabelungen, aber die Überwachung durch die Geheimpolizei war so perfekt (und so spürbar), dass kein Gespräch möglich war.

In Prag und Budapest durfte Frère Roger die jungen Menschen wenigstens begrüßen, aber es war ihm verboten, mit ihnen zu beten und singen. Die unblutige Revolution im Ostblock, bei der junge Christen eine nicht unwichtige Rolle gespielt hatten, nötigte ihm gewaltigen Respekt ab: «Sie standen auf und stießen mit bloßen Händen die Mauern aus Angst und Demütigung um.»

Die Christenheit als Volk der Seligpreisungen, die Kirche als Signal der Freundschaft und Zeichen der Gemeinschaft für alle Menschen, nicht als «Ort geistlicher Öde» oder «graue Stätte weltlicher Anpassungsformen» (Frère Roger): In solchen fast poetisch formulierten, aber in Taizé sehr konkret gelebten Zielvorstellungen wird deutlich, dass diese Gemeinschaft

Von einer Reise nach Moskau bringt Frère Roger 1978 den Vorschlag junger Russen mit, jeden Freitagabend ein Gebet vor dem Kreuz zu halten, in besonderer Gemeinschaft mit Menschen, die leiden.

mit ihrem so reichen geistlichen Innenleben keineswegs um sich selbst kreist. «Kampf und Kontemplation» heißt die Zauberformel ihrer Spiritualität, die junge Menschen auch heute noch fasziniert, obwohl die Träume vom großen politischen Wandel ausgeträumt scheinen und «Revolution» aus der Mode gekommen ist. Und obwohl man etwas behutsamer in der Formulierung geworden ist: «Inneres Leben und Solidarität mit den Menschen» heißt es heute.

Wer Christus in der Kontemplation – im Gebet, das die eigenen Abgründe bewohnbar macht, in der meditativen Schau nach innen – begegnet, wird zwangsläufig zum Engagement getrieben, diese Erfahrung machen die Brüder immer wieder. Kampf und Kontemplation haben dieselbe Quelle: Christus, der die Liebe ist. Frère Roger: «Wenn du betest, geschieht es aus Liebe. Wenn du kämpfst, um dem Entrechteten sein Menschengesicht wiederzugeben, geschieht auch das aus Liebe.»

Versöhnung ist nur durch Kampf zu haben, durch Kampf mit sich selbst. Und wenn die Zwiesprache der Christen mit Christus nicht auf eine mythische Gottheit abzielt, die mit den Menschen nichts zu tun hat, so gehört der Nächste zu dieser Zwiesprache immer mit dazu. Das Glück freier Menschen, die in ihrem Innern eine Umwandlung erlebt haben, nannte Frère Roger den «Motor» für einen Kampf, der allen Menschen gelte. Vom Fest des Auferstandenen gehe der Impuls zum Kampf aus, denn: «Wollten wir das Fest nur für uns haben, es würde sich selbst zerstören.»

«Eine Frage von Christus trifft uns bis ins Innerste», bezeugte der Prior bei der Eröffnung des *Konzils der Jugend*: «Hast du mich in dem Armen, der

Hunger hatte, erkannt? Wo bist du gewesen, als ich selbst einer der Elendsten war? [...] Du wirst erstaunter Zeuge sein, wie Zeichen der Auferstehung schon jetzt auf der Erde entstehen. Teile deine Güter, um größere Gerechtigkeit zu erreichen. Mache niemand zu deinem Opfer. Bruder aller, Bruder für alle ohne Unterschied, lauf hin zu den Menschen, die missachtet und ausgestoßen sind!» Fast dreißig Jahre später tragen die jungen Menschen, die nach Taizé pilgern, Ängste in sich, die man damals noch nicht in diesem Ausmaß kannte: Unheimliche Terrorakte in den Metropolen, fehlende Ausbildungsplätze, höchst unsichere Zukunftsaussichten selbst für qualifizierte Fachkräfte. Frère Roger trat in seinem letzten Brief an die Jugendlichen 2005 der schleichenden Mutlosigkeit entgegen:

Wer durch das Tor unter dem Glockenturm von Taizé geht, ist voller Vorfreude auf ein inneres Abenteuer.

DER KAMPF WIRD ZUM FEST

«Manche ergreift Angst vor der Zukunft und sie sind davon wie gelähmt, aber überall auf der Erde gibt es auch erfinderische, schöpferische Jugendliche. Diese Jugendlichen lassen sich nicht in eine Spirale der Verdrossenheit hineinziehen. Sie wissen, dass Gott uns nicht zur Untätigkeit erschaffen hat. Für sie ist das Leben nicht einem blinden Schicksal unterworfen. Ihnen ist bewusst: Was den Menschen lähmen kann, sind Skepsis oder Entmutigung. Deshalb wollen diese Jugendlichen mit ganzem Herzen einer Zukunft des Friedens und nicht des Unheils den Weg bereiten. Mehr als sie vermuten, gelingt es ihnen bereits, ihr Leben zu einem Licht zu machen, das ihre Umgebung erhellt.»

Taizé steht für ein Vertrauen in die Jugendlichen, das seinesgleichen sucht. Dass es auch einmal enttäuscht und ausgenutzt wird, hindert die Brüder nicht daran, an ihrer Gastfreundschaft festzuhalten und die Nähe der jungen Menschen zu suchen. Wie es Frère Roger tat: Im Lauf der Jahre verlegte er seinen Platz beim gemeinsamen Gebet immer mehr nach hinten, aus der Steinkirche heraus und in die Vorbauten hinein. Er wollte allen möglichst nahe sein, die sich dreimal am Tag mit den Brüdern zum Gebet versammeln.

«An jedem anderen Platz wäre er geschützter, im Blickfeld von uns Brüdern gewesen», erläuterte einer von ihnen nach dem Attentat. «Seine Gastfreundschaft exponierte ihn, erleichterte die Bluttat, der er zum Opfer fallen sollte. Aber er konnte nicht anders leben. Nur so konnte er sich selbst treu bleiben, wie in den ersten Jahren in Taizé.»

7

DER KLEINE FRÜHLING

7 Der kleine Frühling

*«Wir möchten ein Widerschein
der ungeteilten Kirche sein»*

«Finde dich niemals ab mit dem Skandal der Spaltung unter den Christen, die alle so leicht die Nächstenliebe bekennen und doch getrennt bleiben», so ist die ökumenische Ausrichtung der Communauté schon in ihrer ersten Regel verankert. «Um Christi und des Evangeliums willen sind wir aufgerufen, das Bild der ungeteilten Kirche darzustellen», bekräftigte Bruder Roger mehr als einmal. «Christus wurde durch die Spaltungen unter den Christen verwundet. Wie können wir ihm in der einzigartigen Gemeinschaft nachfolgen, die sein Leib, die Kirche ist? Wir möchten ein Widerschein der ungeteilten Kirche sein, die sich ständig darum bemüht, sich zu versöhnen.»

Die Mitchristen, an starre konfessionelle Fronten gewöhnt, zeigten sich verunsichert von dieser Gemeinschaft, in der zunächst nur Protestanten nach Art katholischer und orthodoxer Mönche lebten, die später Katholiken und Anglikaner in ihre Reihen aufnahm und in ihrer Anfangsphase 1948 vom zuständigen katholischen Bischof die Erlaubnis erwirkte, die kleine romanische Dorfkirche von Taizé mitbenutzen zu dürfen.

Der Bischof war in seiner Entscheidung übrigens vom damaligen Pariser Nuntius Angelo Roncalli bestärkt worden. Als aus Roncalli Papst Johannes XXIII. geworden war, empfing er die Brüder mehrmals zu angeregten Gesprächen und freute sich: «Ah! Taizé, der kleine Frühling …!»

Roger war begeistert davon, wie unbekümmert und zugleich weise der betagte Papst mit der Last der Kirchengeschichte umging: Als er 1959 das Konzil einberief, kündigte er an: «Wir werden keine Gerichtsverhandlung aufziehen, und wir werden nicht danach suchen, wer Recht und wer Unrecht hatte. Wir sagen vielmehr ganz einfach: Versammeln wir uns, und hören wir mit den Streitigkeiten auf!» So erlebten ihn die Brüder auch in mehreren Privataudienzen. Roger: «Als wir von der Versöhnung sprachen, klatschte er in die Hände und rief ‹Bravo›! Er war ein offener Mann voller Freude und Spiritualität. [...] Papst Johannes hatte einen unerwarteten Einfluss auf uns und macht uns noch heute Lust, immer wieder weiterzumachen.»

Für manche ist das heute noch das Hauptproblem, wenn es um Taizé geht: Sind die nun katholisch oder evangelisch? Dabei übersieht man, dass die Brüder weder irgendeine frühere Form von Kirche restaurieren noch eine neue Konfession gründen wollen. Die Katholiken, die in Taizé eintreten, bleiben Katholiken; die Protestanten, die Anglikaner geben nichts von der wertvollen Tradition ihrer konfessionellen Prägung auf. Aber die Gütergemeinschaft in der Communauté ist nicht nur eine materielle, sondern auch eine spirituelle: Sie teilen, was sie vom Glauben verstanden haben. Die Art und Weise, wie die Brüder in Taizé zusammenleben und zu einem gemeinsamen Zeugnis finden, könnte ein Modell für die ganze gespaltene Christenheit sein. Für Frère Roger steht hier die Glaubwürdigkeit des Volkes Gottes auf dem Spiel: «Dürfen die Christen von Liebe reden, solange sie nicht zu einer sichtbaren Gemeinschaft vereinigt sind?» Nur als versöhnte Gemeinschaft könne das Volk Gottes seine Aufgabe erfüllen, Sauerteig der Erde zu sein, Ferment des Friedens und des Vertrauens in einer von Gewalt und Krieg zerrissenen Welt.

1984 reist Frère Roger ein zweites Mal in den Teil Deutschlands, aus dem keine Jugendlichen nach Taizé reisen können, und betet mit ihnen.

Die bloße friedliche Koexistenz von mehr oder weniger isoliert nebeneinander lebenden Konfessionen genügt den Brüdern von Taizé nicht, weil ihr der «innere Schwung» (Frère Roger) des Evangeliums fehlt, weil sie die sichtbare Einheit in jenseitige Gefilde verschiebt und unfähig ist, den «Virus» der Selbstrechtfertigung, des Rückzugs auf die eigene, begrenzte

Im Oktober 1986 kommt Papst Johannes-Paul II. nach eigenen Worten «nach Taizé wie an den Rand einer Quelle».

Gestalt von Kirche zu bekämpfen. Bruder Roger weiter: «Wir wollen den Ökumenismus nicht zu einer neuen Ideologie unter vielen, zu einem schönen Thema für Tagungen und Diskussionen machen, bei denen jeder jahrhundertelang seine eigenen Standpunkte rechtfertigt.»

Nein, man kann die Einheit nicht «aus Verhandlungen oder rechtlichen Vereinbarungen herausködern», man muss sie zu leben beginnen, in mutigen Schritten, in kleinen Zellen. «Die Texte kommen nachher», meinte Frère Roger beruhigend. Der orthodoxe Theologe Olivier Clément sieht genau darin die kostbare Eigenart von Taizé: «Die Brüder ahnen, dass es in Wirklichkeit nur eine einzige Kirche gibt, die allen insgeheim zu Grunde liegt. Die Einheit braucht also nicht hergestellt zu werden, sie muss entdeckt werden [...]»

Die Konsequenz dieser Haltung: Statt sich endlos im Kreis zu drehen und von der jeweils anderen Konfession die «Heimkehr» zu verlangen, muss man einsehen, dass die Trennung alle ärmer macht, alle an der Spaltung Schuld tragen und alle sich erneuern müssen. Dann wird der Weg frei sein für eine versöhnte Gemeinschaft, in der die Einheit sichtbar gelebt wird, ohne dass die einzelnen «geistlichen Familien», wie Frère Roger die Konfessionen gern nannte, ihre Eigenarten und Traditionen verleugnen müssen.

Geduldig, aber zäh haben die ersten Brüder ihre Lebensweise – für viele eine sanfte Provokation – gegen allen Widerstand im eigenen «Haus» durchgekämpft: Bei den protestantischen Kirchen hielt sich lange die Befürchtung, auf dem Weg über Taizé wolle sich Rom klammheimlich im reformatorischen Lager einnisten. Die deutlichen Worte, mit denen der Prior etablierte selbstgenügsame Haltungen im Protestantismus in Frage stellte, schienen solches Misstrauen zu rechtfertigen.

Werden die Vorbehalte nach Rogers Tod neue Nahrung erhalten? Etwa die Hälfte der Brüder sind katholisch. Unter ihnen ist Frère Alois, Laientheologe aus Stuttgart, Jahrgang 1954, der Anfang der siebziger Jahre mit einer Jugendgruppe zum ersten Mal Taizé besuchte. Ihn hat Frère Roger noch zu Lebzeiten im Einvernehmen mit den Brüdern zu seinem Nachfolger bestimmt. Und bei der Beisetzung ihres Gründers haben die Brüder Kurienkardinal Walter Kasper, den – ökumenisch freilich überaus aufgeschlossenen – Präsidenten des Päpstlichen Rates zur Förderung der Einheit der Christen, gebeten, den Totengottesdienst im katholischen Ritus zu zelebrieren.

Frère Alois, der Nachfolger von Frère Roger als «Diener der Gemeinschaft» in der Communauté de Taizé.

DER KLEINE FRÜHLING

Papst Johannes XXIII., der Frère Roger ins Herz geschlossen hat, nennt Taizé kurzerhand «einen kleinen Frühling».

Geduld und Zähigkeit waren auch nötig gewesen, um die Berührungsängste auf katholischer Seite zu überwinden. Mehrere Rombesuche in den fünfziger Jahren vermochten das eisige Klima zwischen den Konfessionen nicht zu erwärmen. Das änderte sich erst, als Johannes XXIII. den Brüdern sein großes Herz öffnete und mehrere von ihnen als Gäste des neu geschaffenen Einheitssekretariats an sämtlichen Sitzungen des Zweiten Vatikanischen Konzils teilnahmen.

Beim Zweiten Vatikanischen Konzil, zu dem die Brüder als Beobachter eingeladen sind, fehlen sie bei keiner Session.

In der Eucharistiefeier zur Beisetzung von Papst Johannes Paul II. empfängt Frère Roger die Kommunion aus der Hand des künftigen Papstes.

Seither wurde Frère Roger nicht müde, laut von einem «ökumenischen Hirtenamt» zu träumen, von einem erneuerten, dienenden Papstamt, das die Gemeinschaft unter den Christen vorantreiben und zeichenhaft für die Welt sein könnte. Ein Grund mehr für die Misstrauischen, Taizé wahlweise des Verrats an der Reformation oder der unverschämten Einmischung in innerkatholische Angelegenheiten zu verdächtigen.

Dabei hatte der Prior doch nur die Frage gestellt: «Wenn jede Ortsgemeinde einen Hirten braucht, um die Gemeinschaft unter denen zu fördern, die stets dazu neigen, ihre eigenen Wege zu gehen, wie können wir auf eine sichtbare Gemeinschaft aller Christen auf der Erde hoffen, wenn es keinen Hirten für alle gibt? Nicht an der Spitze einer Pyramide, nicht als Haupt (das Haupt der Kirche ist Christus), sondern in der Mitte.» Ein armer Bischof müsse das sein, einer, der jeder Generation die Quellen des Glaubens neu zugänglich machen, zum Kampf gegen die Ungerechtigkeit rufen und prophetische Einsichten verkünden könne.

In seinen letzten Lebensjahren konnte Frère Roger seine Enttäuschung über den Stillstand im ökumenischen Prozess nicht immer verhehlen. «Es ist dringlich, Gemeinschaft heute wiederherzustellen», drängte er im letzten Jahresrundbrief vor seinem Tod; «das kann nicht ständig auf später, auf das Ende der Zeiten verschoben werden.» Die Nachfolger des Roncalli-Papstes hielten zwar intensiven Kontakt zur Brüdergemeinschaft; Johannes Paul II. schwärmte 1986 bei einem Besuch auf dem burgundischen Hügel: «Man kommt nach Taizé wie an den Rand einer Quelle!» Aber Roger erinnerte sich auch an seine letzte Begegnung mit Johannes XXIII.: Der Papst habe geweint, weil manche seiner Absichten missdeutet worden seien.

8

ÖSTERLICHES LICHT

8 Österliches Licht

«*Sich Schritt für Schritt hingeben*»

 Taizé, am Abend des 16. August 2005. Alles ist wie immer. Die Brüder und zweieinhalbtausend vorwiegend junge Gäste aus aller Welt sind in der Versöhnungskirche zum täglichen Abendgebet versammelt. Warmes Kerzenlicht, ruhige Atmosphäre, getragene Gesänge.

Da gellt plötzlich, mitten im Lied *Rendez grâce au Seigneur*, «Danket dem Herrn», der Schrei einer Frau durch die Kirche. Irgendwo hinten in der Mitte, wo die Plätze der Brüder in die Reihen der Besucher übergehen und wo Frère Roger zu sitzen pflegt, gibt es einen Tumult. «Jemand wird gewaltsam an Händen und Füßen weggezerrt», berichtet eine Augenzeugin. «Jugendliche halten eine Person auf dem Boden gedrückt. Gleichzeitig stehen einige Brüder um Frère Roger herum. Ein roter Fleck breitet sich auf seinem weißen Gewand aus. Panik droht auszubrechen. Ein geistesgegenwärtiger Bruder stimmt ein Lied an: *Laudate omnes gentes, laudate Dominum*, ‹Lobt den Herrn, alle Völker›. Frère Roger wird hinausgetragen.»

Was genau geschehen ist, hat kaum jemand mitbekommen: Eine Frau hat sich geduckt durch die Reihen der Gottesdienstbesucher geschlichen, hat sich dem neunzigjährigen Frère Roger genähert, als wolle sie seinen Segen erbitten. Dann packte sie ihn schreiend von hinten und stach ihn dreimal in Hals und Rücken. Später wird sie identifiziert; es handelt sich um eine sechsunddreißig Jahre alte Rumänin, die einmal Nonne werden wollte und seit Jahren wegen schizophrener Störungen in Behandlung ist. Sie habe den Prior vor einer Verschwörung von Freimaurern warnen wollen, sagt sie aus.

Der Abendgottesdienst geht weiter. Zwischen den Liedern Stille, wie es üblich ist, unterbrochen vom Martinshorn eines Rettungswagens. Dann greift Frère François zu einem Mikrofon und spricht: *Il est decedé*, «er ist gestorben». Stimmengewirr in der Kirche, man übersetzt einander die Schreckensnachricht, viele weinen, umarmen sich, Lieder werden angestimmt. Die Augenzeugin: «Wie Felsen im Sturm sitzen die Brüder. Ruhig, in sich gekehrt. Nie zuvor habe ich einen ähnlich starken Glauben gesehen.» Am nächsten Morgen wird beim Gottesdienst ein Gebet gesprochen, das von Frère Roger selbst stammen könnte:

«Christus voll Erbarmen, du lässt uns in Gemeinschaft mit den Menschen sein, die uns vorausgegangen sind und die uns ganz nah bleiben können. Wir legen unseren Bruder Roger in deine Hände zurück. Schon schaut er das Unsichtbare. In seiner Folge bereitest du uns darauf vor, einen Strahl deiner Klarheit zu empfangen.»

Die Brüder bahren ihren toten Prior im Altarraum auf. Von seinem Gesicht geht ein großer Frieden aus, aber auch immer noch Nähe, freundliche Wärme. Noch im Tod scheint er zuhören zu wollen.

Menschen aus aller Welt beten in der Nähe des aufgebahrten Frère Roger.

ÖSTERLICHES LICHT

Vier Brüder tragen Frère Rogers Sarg von der Kirche auf den Dorffriedhof, 12 000 Menschen verabschieden sich von ihm an einem grauen, regnerischen Augusttag.

Eine Woche später tragen sie den schlichten Holzsarg über den Zeltplatz und die Dorfstraße zum Friedhof neben der kleinen romanischen Kirche, wo Frère Roger einst seine ersten Gefährten zum Gebet versammelt hat. Beim Gottesdienst hat sein Nachfolger, Frère Alois, davon gesprochen, was Roger geprägt hat und die Communauté auch nach seinem Tod tragen wird: Vertrauen und Herzensgüte, «kein leeres Wort, sondern eine Kraft, die die Erde umgestalten kann, weil durch sie hindurch Gott am Werk ist. Angesichts des Bösen ist die Herzensgüte etwas Verletzliches. Aber das hingegebene Leben Frère Rogers ist ein Unterpfand dafür, dass für jeden Menschen auf der Erde der Frieden Gottes das letzte Wort hat.»

Und auch die schöne Geste am Schluss der Ansprache war ganz von Frère Rogers Geist getragen: das Gebet für die Attentäterin, «die durch eine krankhafte Tat dem Leben unseres Bruders Roger ein Ende bereitet hat.

Mit Christus am Kreuz sagen wir zu dir: Vater, verzeih ihr, sie wusste nicht, was sie tat.» Auch für die jungen Rumänen wird gebetet, «die uns in Taizé ans Herz gewachsen sind». Eine rumänische Jugendgruppe hatte nach dem Attentat schockiert und beschämt abreisen wollen, sich aber dann von den Brüdern zum Bleiben bewegen lassen.

Der katholische Kurienkardinal Walter Kasper zelebriert das Requiem für den Protestanten Frère Roger, den er einen «geistlichen Vater unserer Zeit» nennt, «eine Art Widerschein des ewigen Vaters» für viele. Vertreter der anglikanischen Kirche Englands, der französischen Reformierten Kirche und der Evangelischen Kirche Deutschlands sprechen die biblischen Lesungen, darunter Bischof Wolfgang Huber, der Ratsvorsitzende der EKD. Am Ende des Trauergottesdienstes treten ein Erzpriester des Moskauer Patriarchats und ein rumänisch-orthodoxer Bischof an den Sarg und stimmen die kraftvollen Auferstehungsgesänge der Ostkirche an, während Kinder durch die Kirche gehen und die Kerzen in den Händen von vielen tausend Menschen entzünden.

Und jetzt? Wie geht es weiter nach dem Tod des Gründers, des letzten großen Charismatikers der Jahrtausendwende neben Papst Wojtyla und Mutter Teresa? Taizé wird bleiben, was es ist, sagen die Brüder mit freundlicher Selbstverständlichkeit. Statt zu welken, werde es vielleicht sogar noch wachsen, prophezeit Frère Wolfgang, der aus Deutschland stammt:

«Die monastische Existenz fordert das Leben eines Menschen ganz, aber sie reicht zugleich weit über ein Menschenleben hinaus. Frère Rogers Samenkorn ist in die Erde gefallen. Die Brüder können es nicht ängstlich bewahren, sie werden sich ebenfalls aussäen, wie es ihr Gründer tat. Er ist nicht allein geblieben. Sie werden es auch nicht sein.»

«Wir Brüder wissen», bekräftigte Frère Roger wenige Wochen vor seinem Tod, «dass unser Leben einen Sinn erhält, wenn es greifbare Antwort auf einen Ruf Gottes ist, den Ruf, sich Schritt für Schritt hinzugeben, ohne den Weg im Voraus zu kennen.»

Worte des Vertrauens

TEXTE VON FRÈRE ROGER

Die Kraft, die im Vertrauen liegt
Wäre das Vertrauen des Herzens aller Dinge Anfang …
Du möchtest Träger eines Feuers bis in die Nächte der Menschheit sein – wirst du in dir ein inneres Leben ohne Anfang noch Ende wachsen lassen? Es ist ein Lauffeuer.
Das Hinreißendste an deinem Dasein ist das fortwährende Sichweiten eines solchen inwendigen Lebens. Dort, in dir, geschieht das unerhörteste menschliche Abenteuer.
Und bis in deine Dunkelheit entzündet sich ein Feuer, das nie verlöscht.

Vertrauen wie Feuer, 9

Vergiss nicht, dass unter widrigsten Verhältnissen oft eine kleine, über die Erde verstreute Zahl von Frauen, Männern, Jugendlichen und sogar Kindern in der Lage war, den Lauf bestimmter geschichtlicher Entwicklungen umzukehren. […]
Und heute gibt es Menschen, die alles haben, um festgefahrene Verhältnisse umzugestalten. Sie lassen die Zeit des Misstrauens hinter sich und haben alles, um eine Epoche des Vertrauens und der Versöhnung einzuleiten.
In ihrem Bemühen, die Risse zu heilen, sind sie unter den Menschen Zeichen des Unerwarteten.
Man kann sie erkennen. Sie haben sich in Stunden unbegreiflicher Anfechtungen aufgebaut. Sie halten allem stand, jeglichen Lähmungserscheinungen entgegen.
Durch ihre Lebenshingabe bezeugen sie, dass der Mensch nicht erschaffen wurde, um zu verzweifeln.

Die Quellen von Taizé, 43f.

Gott ist da – in jedem Menschen
«Mitten unter euch steht einer, den ihr nicht kennt.»
Wo du auch bist auf der Erde – du möchtest das Geheimnis ergründen, das im Innersten deines Herzens liegt: Ahnst du in dir, und sei sie flüchtig, die stille Erwartung einer Gegenwart?
Dieses schlichte Erwarten, dieses einfache Verlangen nach Gott, ist bereits der Anfang des Glaubens.
Unter uns ist der, den wir nicht kennen. Für den einen zugänglicher, für den anderen verborgener … voll Staunen könnte jeder ihn sagen hören: «Warum solltest du dich fürchten? Ich, Christus Jesus, bin da. Zuerst habe ich dich geliebt … in dich habe ich meine Freude gelegt.»
Du weißt, wie zerbrechlich deine Antwort ist. Hilflos stehst du manchmal vor der Unbedingtheit des Evangeliums.
Schon ein Glaubender der ersten Stunde sagte zu Christus: «Ich glaube, komm meinem Unglauben zu Hilfe.»
Denk daran, ein für alle Mal: Weder die Zweifel noch der Eindruck, Gott schwiege, entziehen dir seinen Heiligen Geist.
Gott bittet dich darum, im Vertrauen des Glaubens dich Christus zu überlassen und seine Liebe zu empfangen.

Die Quellen von Taizé, 11

Du willst ohne zurückzuschauen Christus nachfolgen – wagst du es stets neu, dem Evangelium Vertrauen zu schenken?
Nimmst du erneut Anlauf, begeistert von dem, der ohne sich je aufzudrängen dich still begleitet? Er, der Auferstandene, ist in dir und geht dir auf dem Weg voraus.
Selbst wenn du dich nicht für würdig hältst, von ihm geliebt zu werden: Lässt du es zu, dass er tief in dich hinein die Frische einer Quelle legt?
Oder errötest du beschämt und sagst sogar: Ich bin nicht würdig, von ihm geliebt zu werden?
Eines fasziniert an Gott: die Demut seiner Gegenwart. Niemals verletzt er die Menschenwürde. Jede herrschsüchtige Geste würde sein Antlitz ent-

stellen. Die Vorstellung, dass Gott kommt und bestraft, ist eines der größten Glaubenshindernisse.
Christus, «arm und niedrig von Herzen», übt niemals auf einen Menschen Zwang aus.
In der Stille deines Herzens flüstert er: Hab keine Angst, ich bin da. Erkannt oder nicht: Christus, der Auferstandene, bleibt bei jedem Menschen, auch bei dem, der es nicht weiß. Er ist Brennen im Herzen des Menschen, Licht in der Dunkelheit, er liebt dich wie seinen Einzigen; für dich hat er sein Leben hingegeben, darin liegt sein Geheimnis. […]
Sei nicht erstaunt, wenn das Wesentliche deinen Augen verborgen bleibt. So wächst die Sehnsucht nur noch mehr, dem Auferstandenen entgegenzugehen.

Die Quellen von Taizé, 12f.

Umzingelt dich das Unbegreifliche? Wenn die Nacht undurchdringlich wird, ist seine Liebe ein Feuer. Von dir hängt es ab, ob du auf dieses Licht schaust, das in der Finsternis leuchtet, bis sich die erste Morgenröte zeigt und der Tag anbricht in deinem Herzen.
Du weißt genau: Nicht du schaffst diese Quelle des Lichts; sie kommt von Christus.
Unerwartet zieht die Liebe Gottes vorüber, wie ein Blitz durchstreift der Heilige Geist jeden Menschen in der Nacht. Durch diese geheimnisvolle Gegenwart stützt dich der Auferstandene, er kümmert sich um alles und nimmt selbst schwere Bedrängnis auf sich.
Erst nachträglich, manchmal viel später, begreifst du, dass es nie an seiner Überfülle fehlt. Und du sagst: «Brannte mir nicht das Herz, während er zu mir sprach?» […]
Mache dir keine Sorgen, dass du nicht recht zu beten verstehst.
Lässt du dich darauf ein, durch dein Leben mit ihm das Gedicht einer Liebe zu schreiben?

Die Quellen von Taizé, 15f.

Gott ist Erbarmen
Niemals, nie und nimmer, quält Gott das Gewissen des Menschen. Er versenkt unsere Vergangenheit in Christi Herz und nimmt sich unsrer Zukunft an. Müsste man Gott aus Furcht vor Strafe lieben – es hieße ihn nicht mehr lieben. Gott kommt und hüllt uns in sein Erbarmen. Er webt unser Leben mit den Fäden seines Verzeihens wie ein schönes Kleid. Die Gewissheit, dass er verzeiht, gehört zum Weitreichendsten im Evangelium. Sie macht unvergleichlich frei.
[…] Warum solltest du dich mit dem aufhalten, was dir bei dir selbst und den anderen weh tut? Du kennst das Wort eines der ersten Zeugen Christi: «Wenn das Herz uns auch verurteilt – Gott ist größer als unser Herz.» Jesus lädt dich nie zum Rückzug auf dich selbst ein, sondern zur schlichten Umkehr des Herzens.
Was ist Umkehr? Sie ist ein Schritt im Vertrauen, mit dem du deine Fehler auf ihn wirfst. Und schon bist du entlastet, ja befreit und kannst unangefochten im gegenwärtigen Augenblick leben, niemals entmutigt, weil dir stets verziehen wird.
Wer aus dem Verzeihen lebt, kann durch verhärtete Verhältnisse gehen, wie Schmelzwasser sich im ersten Frühling den Weg durch noch gefrorene Erde bahnt.
Das Verzeihen kann unser Herz ändern: Strenges Auftreten, hartes Urteilen verschwinden und lassen unbegrenzter Güte Raum. Und auf einmal liegt uns mehr daran zu verstehen, als verstanden zu werden.

Gott kann nur lieben, 50f.

Glaube ist Licht im Dunkel
Wie oft höre ich sagen: «In mir spüre ich nichts, was von Gott kommt. In mir ist alles leer. Ist mein Gebet etwa nur ein Spiegelbild meiner selbst?» Wenn sich jemand so ausspricht, weiß er vielleicht eines nicht: Die Scheidungslinie zwischen Zweifel und Glaube, zwischen Leere und Erfüllung verläuft unscharf, ebenso unscharf wie zwischen Angst und Liebe.

Doch der Auferstandene ergreift uns. Leuchtend geht die Liebe Gottes durch uns hindurch. Sie durchquert wie ein Wetterleuchten die Nacht jedes menschlichen Wesens. Können unsere Augen das sehen?
Er ergreift uns. Er belädt sich mit allem, wodurch Menschen entstellt sind. Er nimmt alles auf sich. Das ist seine verborgene Wirklichkeit: alles auf sich nehmen, was unerträglich ist, den Platz des Menschen annehmen, der am weitesten entfernt ist, ohne zu fürchten, sein Gesicht zu verlieren.
Lassen wir uns von ihm ergreifen, dann sind wir schon auf dem Weg. Und der Auferstandene, der lebt, geht uns voraus. *Worte der Versöhnung, 42f.*

Christus antworten

Christus verpflichtet niemanden, ihn zu lieben. Aber er, der Lebendige, bleibt jedem von uns an der Seite wie ein Armer, ein Unbekannter. Selbst in den fragwürdigsten Ereignissen, in der Zerbrechlichkeit des Daseins ist er uns nahe. Seine Liebe ist Gegenwart, nicht nur für einen Augenblick, sondern für immer. Diese Liebe aus der Ewigkeit schließt uns eine Zukunft jenseits von uns selbst auf. Ohne diesen anderen Ursprung, ohne dieses Werden-über-sich-selbst-hinaus, hat der Mensch keine Hoffnung mehr ... und die Lust voranzuschreiten verliert sich.
Im Angesicht dieser Liebe aus der Ewigkeit ahnen wir, dass unsere konkrete Antwort nicht flüchtig sein darf, sich nicht auf einen bestimmten Zeitraum beschränken kann, nach dem wir uns wieder zurücknehmen. Aber ebenso wenig kann unsere Antwort in einer Willensanstrengung bestehen. Manche würden daran zerbrechen. Sie besteht mehr darin, dass wir uns überlassen.
Wenn wir einfach vor ihm da sind, mit oder ohne Worte, wissen wir, wo unser Herz Ruhe finden kann, können wir antworten wie Arme. Darin liegt die verborgene Triebkraft eines Daseins, das Wagnis des Evangeliums.
«Auch wenn ich manchmal nicht mehr weiß, ob ich dich liebe oder nicht, du, o Christus, weißt alles, du weißt, dass ich dich liebe.»

Worte der Versöhnung, 120f.

Du willst, ohne zurückzuschauen, Christus nachfolgen: Wende dich augenblicklich, in diesem Moment, Gott zu und vertraue auf das Evangelium. Dort schöpfst du aus der Quelle hellen Jubels.
Du denkst, nicht beten zu können. Dennoch ist der auferstandene Christus bei dir, er liebt dich, noch bevor du ihn liebst. Durch «seinen Geist, der in unseren Herzen wohnt», betet er in dir mehr, als du dir vorstellen kannst.
Selbst ohne ihn zu erkennen, finde Wege, ihn mit oder ohne Worte zu erwarten, in Zeiten langen Schweigens, in denen sich anscheinend nichts ereignet. Dort vergeht die hartnäckige Verzagtheit und entspringt schöpferische Kraft. Nichts baut sich in dir auf ohne dieses Abenteuer: ihn in der persönlichen Begegnung finden; niemand kann dies für dich übernehmen. Wenn du nur schlecht verstehst, was er von dir will, sag es ihm. Mitten in deiner Alltagsarbeit, sag ihm augenblicklich alles, selbst das Unausstehliche. Vergleiche dich nicht mit anderen und mit ihren Fähigkeiten. Warum dich damit erschöpfen, deine Unfähigkeiten zu bedauern? Solltest du Gott vergessen haben? Wende dich ihm zu. Gleich, was geschieht, wage stets einen Neubeginn. [...]
Tastest du dich im Nebel vor, so heißt das ihn, Christus, erwarten, ihm Zeit lassen, alles an seinen richtigen Platz zu stellen ...

Blühen wird deine Wüste, 139f.

Beten wagen
Auferstandener Jesus, du siehst, dass ich manchmal verloren, wie fremd auf der Erde bin. Aber in meiner Seele brennt ein Durst, er ist Erwartung deiner Gegenwart. Und mein Herz bleibt unruhig, bis es dir, Christus, alles übergibt, was es fernhielt von dir. *Die Quellen von Taizé, 40.*

Christus, wenn du, wie im Evangelium, uns fragst: «Liebst du mich?», stammeln wir die Antwort: Christus, du weißt, ich liebe dich, vielleicht nicht so, wie ich möchte, aber ich liebe dich. *In allem ein innerer Friede, 55.*

Gott aller Liebe,
warum sollten wir darauf warten,
dass unser Herz sich ändert,
bevor wir zu dir kommen?
Du verklärst es.
Noch in unseren Wunden lässt du
Gemeinschaft mit dir wachsen.
Und in uns tun sich die Tore des Lobpreises auf.

In allem ein innerer Friede, 56.

Jesus Christus, du warst immer in mir,
und ich wusste es nicht.
Du warst da,
und ich suchte dich nicht.
Als ich dich entdeckt hatte, brannte ich darauf,
dass du mein Ein und Alles bist.
Ein Feuer durchglühte mich.
Wie oft aber vergaß ich dich wieder.
Und du hast nicht aufgehört,
mich zu lieben.

Die Quellen von Taizé, 7.

Du willst meinen Entschluss
Wenn Christus dich fragt: Wer bin ich für dich?, wirst du ihm antworten: «Jesus Christus, du bist es, der mich liebt bis in das Leben, das ohne Ende ist. Du öffnest mir den Weg zum Wagnis. Du willst nicht einige Bruchteile von mir, sondern mein ganzes Leben.
Du bist es, der Tag und Nacht in mir betet. Mein Stammeln ist Gebet: Wenn ich nur deinen Namen Jesus Christus anrufe, füllt sich die Leere meines Herzens. […]
Du, Christus, hast mich unablässig gesucht.

Warum habe ich gezögert und mir Zeit erbeten, damit ich mich um meine Angelegenheiten kümmern kann? Warum habe ich zurückgeschaut, nachdem ich die Hand an den Pflug gelegt hatte?
Und dennoch, ohne dich gesehen zu haben, liebte ich dich, vielleicht nicht so, wie ich es gerne wollte, aber ich liebte dich.
Jesus Christus, du hast mir wiederholt gesagt: Lebe das Wenige, das du vom Evangelium begriffen hast, verkünde mein Leben unter den Menschen, komm und folge mir nach.
Und eines Tages kam ich zur Quelle zurück und begriff es: Du wolltest meinen unwiderruflichen Entschluss.» *Die Quellen von Taizé, 50f.*

Ein Gleichnis der Gemeinschaft
Du willst um Christi und des Evangeliums willen dein Leben hingeben – denk daran, dass du auch noch in deiner eigenen Nacht mit ihm auf das Licht zugehst.
Verzichte also darauf zurückzuschauen und laufe in den Spuren Jesu Christi. Er führt dich auf einen Weg des Lichts: Ich bin, aber auch: Ihr seid das Licht der Welt. […]
Du weißt, Jesus Christus ist für alle, nicht nur für einige gekommen; er hat sich ausnahmslos an jeden Menschen gebunden. Eine solche Katholizität des Herzens hat Gott in dich gelegt.
Lässt du in dir ein Leben wachsen, das weder Anfang noch Ende kennt? Dort gelangst du an die Tore der Freude des Evangeliums, und in ihr wurzelt die Solidarität mit den Menschen.
Die Erde bewohnbar machen für alle Menschen in nah und fern: eine der wesentlichen Seiten des Evangeliums, die mit deinem Leben geschrieben sein will. […]
Der gemeinsame Einsatz spornt dich an – freue dich, du bist nicht mehr allein, in allem gehst du den Weg mit deinen Brüdern. Mit ihnen bist du berufen, das Gleichnis der Gemeinschaft zu verwirklichen.

Die Quellen von Taizé, 55f.

Kirche, werde, was du im Innersten bist: Erde der Lebendigen, Erde der Versöhnung, Erde der Einfachheit.
– Kirche, «Land der Lebendigen», antworte auf unsere Erwartung.
Öffne die Türen der Hoffnung: Sie wird strahlen wie die Sonne.
Öffne weit die Türen des Vertrauens: Es wird Zweifel, Misstrauen und Beschämtheit darüber, dass es einen überhaupt gibt, besiegen.
Öffne ganz weit die Türen der Freude, und das gemeinsame Gebet wird zur Feier eines Festes, das kein Ende nimmt. […]
– Kirche, sei Land der Versöhnung.
Niemals mehr wirst du den zerstückelten Christus am Straßenrand liegen lassen. Die Zerspaltung der Christen in verschiedene Konfessionen wird dann nicht mehr tragbar sein. […]
Die sichtbare Versöhnung unter Christen duldet keinen Aufschub mehr. Sich versöhnen, nicht um gegen irgendjemanden stärker zu sein, sondern vor allem, um in allen Nationen der Welt ein Ferment des Friedens und des Vertrauens zu sein.
– Kirche, sei Land der Einfachheit.
Ganz wenig ist nötig, um sich empfangend zu öffnen. Ganz einfache Mittel machen eine Gemeinschaft tragfähig. Aufwendige, wirkmächtige Mittel machen Angst und schneiden einen von der Universalität des Rufes Christi ab. Wenn Kirchenorganisationen und -verwaltungen mehr als je zuvor ihr Dienstamt vom lodernden Feuer eines für die pastorale Sorge schlagenden Herzens verwandeln lassen würden. […]
Statt anzuhäufen, wage es zu teilen. Der Glaube, das Vertrauen in Gott erfordern es, Risiken einzugehen. […]
Kirche, sei Land des Miteinanderteilens, um auch Land des Friedens zu sein. *Brief aus den Katakomben 1983*

In der einzigartigen Gemeinschaft, die die Kirche ist, zerstückeln alte oder neue Auseinandersetzungen Christus in seinem Leib.
Die ökumenische Berufung leuchtet nach wie vor auf, wo Versöhnung ohne Aufschub verwirklicht wird.

Gemäß dem Evangelium wartet die Versöhnung nicht ab: «Wenn du deine Opfergabe zum Altar bringst und dein Bruder etwas gegen dich hat, so lass sie liegen, geh und versöhne dich zuerst.»
«Geh erst!» und nicht: «Verschieb es auf später!»
Die ökumenische Bewegung nährt eitle Hoffnungen, wenn sie die Versöhnung auf später verschiebt. Sie fährt sich fest, ja erstarrt, wenn sie es zulässt, dass parallele Wege entstehen, auf denen die frischen Kräfte des Verzeihens sich verschleißen.
Wo kann man aber zum Brennen einer Liebe finden, die versöhnt? Wo? […]
Die Versöhnung ist ein Frühling des Herzens. Wer sich ohne Aufschub versöhnt, macht eine Entdeckung: Das eigene Herz verändert sich.

Die Quellen von Taizé, 29f.

Wer bist du, kleine Communauté? Ein wirkungsvolles Werkzeug? Nein. Niemals. Sei es noch so bedeutend. Etwa ein Zusammenschluss von Männern, um zur Verwirklichung eigener Vorhaben gemeinsam als Menschen stärker zu sein? Ebenso wenig. Führen wir etwa ein gemeinsames Leben, um uns zusammen wohlzufühlen? Nein. Die Communauté hätte sonst ihren Zweck in sich selbst, und man könnte sich in ihr kleine Nester bauen. Zusammen glücklich sein? Ja, gewiss, aber in der Hingabe unseres eigenen Lebens.
Wer bist du, kleine, auf verschiedene Orte der Welt verteilte Communauté? Zuallererst ein Gleichnis der Gemeinschaft, ein einfacher Widerschein jener einzigartigen Gemeinschaft, die der Leib Christi, seine Kirche, ist, und dadurch auch ein Keim in der Menschheitsfamilie.
Wozu bist du berufen? In unserem gemeinsamen Leben können wir nur vorankommen, wenn wir stets neu das Wunder der Liebe entdecken: im täglichen Verzeihen, im Vertrauen des Herzens, im Blick voll Frieden, den wir auf die Menschen richten, die uns anvertraut sind … Sich vom Wunder des Verzeihens entfernen, und alles geht verloren, alles verfliegt.
Kleine Communauté, was ist es wohl, das Gott für dich ersehnt? Dass du lebendig wirst, indem du dich der Heiligkeit Christi näherst.

Kathryn Spink: Frère Roger – Gründer von Taizé, 184

Gottes Fest unter den Menschen feiern
Wenn das Fest unter den Menschen aufhörte ...
Wenn wir eines Morgens in einer gut organisierten, funktionellen, satten Gesellschaft, die aber bar jeder Spontaneität wäre, erwachten ...
Wenn das Gebet der Christen ganz und gar Sache des Verstandes würde, wenn es so sehr säkularisiert würde, dass es keinen Sinn für das Mysterium, für die Poesie mehr kennen würde, so dass für das Beten des Leibes, für Intuition, für das Gemüt kein Platz mehr vorhanden wäre ...
[...] Wenn die Menschen der nördlichen Welthälfte erschöpft von all den Anstrengungen die Quelle aus den Augen verlören, aus der sie den Geist des Festes schöpfen, das noch unter den Menschen der südlichen Welthälfte ist ...
Wenn das Fest im Leib Christi, der Kirche, verstummte, wo gäbe es dann noch auf der Welt einen Ort der Gemeinschaft für alle Menschen?
Worte der Versöhnung, 15f.

Unsere christliche Existenz besteht darin, dass wir ständig das Ostergeheimnis leben: ein kleiner Tod nach dem andern, denen die Anfänge einer Auferstehung folgen. Hier liegt der Ursprung des Festes. [...] Das Fest erscheint wieder sogar in den Augenblicken, in denen wir nicht mehr recht wissen, was uns widerfährt, ja selbst in der härtesten Prüfung des Menschen, wenn eine persönliche Bindung zerbricht. Das Herz ist gebrochen, aber nicht verhärtet; es beginnt wieder zu leben. *Worte der Versöhnung, 18*

Vertrauen in die Jugend
Ich vertraue auf die Ideen der jungen Menschen aus so vielen Ländern, die sich hier versammeln, wieder abreisen, suchen, beten, wiederkommen. Wenn ich in diesen heißen Augustnächten manchmal allein unter einem Himmel voll Sternen wandere, während Tausende von Jugendlichen auf dem Hügel sind, sage ich mir: Die vielfältigen Vorstellungen dieser jungen Menschen sind wie diese Sterne, lichtvolle Hoffnungen in meiner Nacht.

Noch lässt sich nichts erkennen, und dennoch ist meine Nacht ein Fest, erleuchtet und erfüllt von einer unbändigen Hoffnung. Zukunft und Jugend, beides gehört zusammen. Nein, ich habe keine Sorge um die Zukunft. Ein Frühling der Kirche steht vor der Tür. Bald wird uns sein Feuer erwärmen.

Worte der Versöhnung, 116f.

Mit einem versöhnten Herzen kämpfen
Du willst, ohne zurückzuschauen, Christus nachfolgen: Rüste dich in einem ganz einfachen Leben, mit einem versöhnten Herzen zu kämpfen.
Fürchte dort, wo du hingestellt bist, nicht den Kampf für die Unterdrückten, Glaubende wie auch Nichtglaubende. Die Suche nach Gerechtigkeit bedingt ein Leben in konkreter Solidarität mit den Allerärmsten …
Worte allein können zur Droge werden. […] Deine Absichten werden vielleicht entstellt. Lehnst du es ab zu verzeihen, verweigerst du die Versöhnung, was spiegelst du dann von Christus wider? Ohne ein Gebet für den Gegner, welche Finsternis in dir. Verlierst du die Barmherzigkeit, hast du alles verloren.
Allein kannst du nicht viel für den anderen ausrichten. Doch zusammen, als Gemeinschaft, durchzogen vom Atem der Liebe Christi, öffnet sich jener Durchbruch, der von der Dürre zur gemeinsamen Schöpfung führt. Und wenn eine Gemeinschaft ein Ferment der Versöhnung ist in jener Gemeinschaft, die die Kirche ist, wird das Unmögliche möglich.

Kreuzweg. Mutter Teresa – Frère Roger, 10f.

Heute können sich die Christen nicht der Nachhut der Menschheit anschließen. Sie können sich keine nutzlosen Kämpfe leisten, in denen sie sich selbst festfahren.
Wo darum gekämpft wird, den Stimmen der Verborgenen Gehör zu verschaffen und auf die Menschen aufmerksam zu werden, auf die niemand hört, ist der Platz der Christen in den ersten Reihen, im Kampf für die Befreiung aller Menschen.

Worte der Versöhnung, 31

Gott ist niemals der Urheber des Bösen, von Erdbeben, Krieg und Unglücksfällen. Weder Leid noch Elend der Menschen sind gottgewollt.
Gott zwingt sich nicht auf. Er lässt uns frei, zu lieben oder nicht zu lieben, zu verzeihen oder die Vergebung abzulehnen. Gott sieht der Qual der Menschen jedoch niemals unbewegt zu. Er leidet mit dem Unschuldigen, dem Opfer unbegreiflicher leidvoller Prüfung, er leidet mit jedem Menschen. Es gibt einen Schmerz Gottes, ein Leiden Christi.

Die Quellen von Taizé, 20f.

Die Gewalt der Friedfertigen

Die Gewalt der Friedfertigen! Sie ist schöpferisch. Sie verwandelt den Menschen. Sie stellt eine Herausforderung dar und zwingt dadurch zur Stellungnahme. Sie besitzt die Kraft, sich mitzuteilen.
Sie ist wie die lebendige Gewissensverweigerung gegen ein träge gewordenes Christentum, das sich mit Hass oder Ungerechtigkeit abfindet.
Welch eine Herausforderung verkörpert ein Christ, der inmitten der Welt der Ungerechtigkeit, der Rassenkämpfe, des Hungers zu einer lebendigen Hoffnung wird! Entleert von allem Hass wirkt seine Gegenwart aufbauend, schöpferisch. Es handelt sich um eine Herausforderung brennender Liebe, um eine Gewalt, die bewohnt ist. Ein Mensch, der diesen Brand in sich trägt, entzündet ein Feuer auf der Erde.

Worte der Versöhnung, 61

Herr Jesus Christus, manchmal sind wir Fremde auf der Erde, verstört von der Gewalt, der Härte der Auseinandersetzungen.
Wie einen leichten Wind hauchst du über uns deinen Geist des Friedens. Verkläre die Wüsten unserer Zweifel, um uns darauf vorzubereiten, dort, wo du uns hinstellst, Träger der Versöhnung zu sein, bis sich unter den Menschen eine Friedenshoffnung erhebt.

Kreuzweg. Mutter Teresa – Frère Roger, 48

Was bleibt, ist Liebe
Wir mögen wunderbare Werke vollbringen, zählen werden nur jene, die der barmherzigen Liebe Christi in uns entspringen. Am Abend unseres Lebens wird es die Liebe sein, nach der wir beurteilt werden, die Liebe, die wir allmählich in uns haben wachsen und sich entfalten lassen, in Barmherzigkeit für jeden Menschen in der Kirche und in der Welt.

Worte der Versöhnung, 25f.

Ein Mensch, der älter wird, sucht nicht mehr so sehr nach Zeichen. Er wagt, zu sich selbst zu sagen, dass er die Dunkelheit kenne. […]
Jeder hat seine eigene Nacht. Aber je dunkler die Nacht ist, desto heller leuchtet die Freude des Glaubens auf. Heißt glauben für diesen Menschen dann aber nicht auch seine Nacht annehmen? Die Nacht nicht annehmen hieße ein Privileg beanspruchen. Wenn er wie am hellen Tag sehen könnte, wozu sollte er dann noch glauben?
Wer aufbricht, ohne zu wissen wohin, der ist ein Mensch, der glaubt, ohne zu sehen. Keine Furcht vor der Dunkelheit ist in ihm; sie wird von innen her erhellt.
Die Gewissheit ist felsenfest: Wenn der Augenblick gekommen ist, wird die Nacht zerreißen und das Morgenrot wieder hervorbrechen.
Möge die Morgenröte kommen und eines Tages unser Tod, Anbruch eines neuen Lebens.

Kampf und Kontemplation, 33f.

Text- und Bildquellenverzeichnis

Textquellen

Frère Roger: Kampf und Kontemplation. Auf der Suche nach Gemeinschaft mit allen (Herderbücherei). Verlag Herder Freiburg im Breisgau 1974.
Frère Roger: Worte der Versöhnung. Verlag Herder Freiburg im Breisgau ⁴1980.
Frère Roger: Blühen wird deine Wüste. Tagebuchaufzeichnungen (1977–1979) (Herderbücherei), Verlag Herder Freiburg im Breisgau 1984.
Frère Roger: Vertrauen wie Feuer. Tagebuchaufzeichnungen (1979–1981) (Herderbücherei), Verlag Herder Freiburg im Breisgau 1985.
Kreuzweg. Mutter Teresa – Frère Roger. Verlag Herder Freiburg im Breisgau 1985.
Frère Roger: Gott kann nur lieben. Erfahrungen und Begegnungen. Edition Taizé im Verlag Herder Freiburg im Breisgau 2002.
Frère Roger: In allem ein innerer Friede. Ein Jahresbegleitbuch. Überarbeitete Neuausgabe. Edition Taizé im Verlag Herder Freiburg im Breisgau 2003.
Frère Roger, Taizé: Die Quellen von Taizé. Gott will, dass wir glücklich sind. Bearbeitete Neuausgabe. Edition Taizé im Verlag Herder Freiburg im Breisgau 2004.
Kathryn Spink: Frère Roger – Gründer von Taizé. Leben für die Versöhnung. Aktualisierte Neuausgabe. Edition Taizé im Verlag Herder Freiburg im Breisgau 2005.

Bildquellen

Die Fotografien auf den angegebenen Seiten wurden von den *Ateliers et Presses de Taizé* freundlich zur Verfügung gestellt.
© Ateliers et Presses de Taizé.
Bund/Bohm: S. 65
CIRIC, Agences de reportage photographique, Issy-les-Moulineaux: S. 41
KNA-Bild, Bonn: S. 58
Hans Lachmann: S. 26
Sabine Leutenegger: S. 7, 8, 11, 10, 22, 27, 30, 43, 46, 51, 52, 53, 61, 60, 63, 67, 71, 73, 74, 77
Johannes Neuhauser: S. 55
Toni Schneiders: S. 24
Hans Schreiner: S. 31
Peter Wesely: S. 54
Taizé: alle anderen.

Das Foto auf S. 69 ist von Johannes Simon, ddp.
© ddp, Berlin.

Zeittafel

12. Mai 1915 Roger Louis Schutz-Marsauche wird in dem Schweizer Juradorf Provence als neuntes Kind und zweiter Sohn seiner Eltern geboren.

1936–1940 Roger studiert an den Universitäten Lausanne und Straßburg vier Jahre lang Theologie.

20. August 1940 Kauf eines Hauses im burgundischen Dorf Taizé als Lebensort für eine Communauté der Versöhnung.

1940–1942 Das Haus in Taizé, das einige Kilometer südlich der Demarkationslinie des deutsch besetzten Teils Frankreichs liegt, wird zum Aufnahmeort von Flüchtlingen auf ihrem Weg in die Schweiz. Als ganz Frankreich besetzt wird, muss Frère Roger, der denunziert worden ist, Taizé verlassen.

1944 Frère Roger kehrt nach dem Ende der Besatzung nach Taizé zurück, zusammen mit Max Thurian, Pierre Souvairan und Daniel de Montmollin.

1948 Der päpstliche Nuntius in Frankreich, Angelo Giuseppe Roncalli, der spätere Papst Johannes XXIII., gestattet den protestantischen Brüdern, die katholische Dorfkirche von Taizé für ihre Gebete zu nutzen.

1949 Die ersten sieben Brüder verpflichten sich zu einem lebenslangen kommunitären Leben.

1952/53 Die erste Regel der Communauté wird verfasst.

1957/58 Die ersten Jugendlichen kommen nach Taizé, um das Leben der Brüder für einige Zeit zu teilen.

1962 Unter Mithilfe der deutschen «Aktion Sühnezeichen» wird die «Kirche der Versöhnung» errichtet.

1962–1965 Auf Einladung von Papst Johannes XXIII. nehmen Frère Roger und Frère Max als Beobachter am Zweiten Vatikanischen Konzil teil.

1969 Die ersten katholischen Brüder werden in die Communauté aufgenommen.

1970–1974 Frère Roger initiiert das «Konzil der Jugend» mit Begegnungen auf der ganzen Welt.

1974 Erster »Brief an das Volk Gottes«
Aufenthalte in den Ländern des damaligen Ostblocks und des armen Südens.

seit 1978 «Europäische Jugendtreffen».

seit 1982 «Pilgerweg des Vertrauens auf der Erde».

seit 1985 «Interkontinentale Jugendtreffen».

Zahlreiche Ehrungen: 1974 «Templeton-Preis» für Verdienste im religiösen Bereich, Friedenspreis des Börsenvereins des deutschen Buchhandels; *1988* UNESCO-Preis für Friedenserziehung; 1989 Karlspreis der Stadt Aachen; *1992* Robert-Schuman-Preis, Straßburg; *1997* Internationaler Preis für besondere Dienste an der Menschheit, Universität Notre-Dame, Chicago.

16. August 2005 Während des Abendgebetes in Taizé wird Frère Roger von einer geistig verwirrten Frau erstochen.

Edition Taizé im Verlag Herder

Kathryn Spink
Frère Roger – Gründer von Taizé
Leben für die Versöhnung
192 Seiten mit zahlreichen Fotografien, Paperback · ISBN 3-451-28703-X
Der Gründer von Taizé hat das Staunen über alles, was ihm widerfahren ist, zeitlebens nicht verlernt. Das Buch erzählt den außergewöhnlichen Weg eines Menschen und das einzigartige Abenteuer einer christlichen Gemeinschaft, die in aller Welt ein Hoffnungszeichen für eine Zukunft des Glaubens ist.

Frère Roger
Die Quellen von Taizé
Gott will, dass wir glücklich sind
96 Seiten, Paperback · ISBN 3-451-28408-1
Die «Quellen von Taizé» sind Botschaften, die jeden Menschen bewegen: In ihnen spricht der Gründer von Taizé unmittelbar zu Herzen; denn er schreibt nur über das, was er selbst zu leben sucht.

Frère Roger
Einfach vertrauen
Gedanken und Begegnungen
160 Seiten, mit zahlreichen Fotografien, gebunden mit Lesebändchen
ISBN 3-451-28832-X
In dieser Auswahl der zentralen und ansprechenden Texte von Frère Roger kommen in großer Klarheit das schlichte Vertrauen in Gott und die begründete Hoffnung des Glaubens zum Ausdruck – also das, was das Leben Frère Rogers geprägt hat, wofür er steht und wozu er ermutigt.

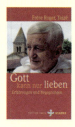

Frère Roger
Gott kann nur lieben
96 Seiten, Paperback · ISBN 3-451-27936-3
In diesem Buch fasst Frère Roger seine Glaubenswelt zusammen – die Leitthemen seines Lebens – und spricht von Begegnungen, die ihn tief bewegt haben. Seine Gedanken lassen die Nähe zu den Menschen spüren, die Woche für Woche mit einer entscheidenden Frage nach Taizé kommen: Wie finde ich einen Sinn für mein Leben?

Große Gestalten des Glaubens

Christian Feldmann
Johannes Paul II.
Pilger der Hoffnung
128 Seiten mit
Farbbildern, Paperback
ISBN 3-451-28834-6

Jean-François Six
Charles de Foucauld
Der kleine Bruder Jesu
128 Seiten mit
s/w-Bildern, Paperback
ISBN 3-451-28833-8

Christian Feldmann
Kämpfer – Träumer – Lebenskünstler
Heilige und große Gestalten für jeden Tag
672 Seiten, durchgehend zweifarbig,
zahlreiche Abbildungen in Duoton,
gebunden mit Lesebändchen
ISBN 3-451-27325-X

Christian Feldmann hat in jahrelanger Recherche biografische Skizzen zu 720 «großen Gestalten und Heiligen» verfasst: Zusammen mit 165 Abbildungen ist daraus ein ökumenisches Lesebuch geworden, das für jeden Tag des Jahres Lesestoff bietet: zu den Heiligen des katholischen Heiligenkalenders, zu den Glaubenszeugen der evangelischen Kirche und den Heiligen der Ostkirche, zu spirituellen Meistern der Menschheit, zu Menschen im Einsatz für andere.

Katja Boehme
Madeleine Delbrêl
Die andere Heilige
128 Seiten mit
s/w-Bildern, Paperback
ISBN 3-451-28379-4

Christian Feldmann
Alfred Delp
Leben gegen den
Strom
128 Seiten mit
s/w-Bildern, Paperback
ISBN 3-451-28569-X

HERDER